打開心窗

讓幸福飛到你身旁

王家春——著

【編輯序】哲理中國畫——視覺上的「養生」藝術

初次接觸王家春先生的哲理畫，第一感覺是驚豔，那些簡單的山、簡單的水、簡單的人、簡單的花鳥，不知不覺間充滿童趣般地走進了心靈深處，如飲甘霖，清「心」無比。

這些畫都是原汁原味的中國畫。作者融自己的才智、修養、真情、技藝於繪畫之中，行筆大膽，古樸拙雅，哲理趣生，佈局隨意，清新之氣撲面而生，猶如一杯「心靈雞湯」，給人身心雙重的滋養保健。難怪香港《大公報》副主筆張建麗女士將其稱之為：掛在牆上的藝術「保健品」！

到目前為止，這些畫已被全球數千家網站轉載，相信大家都和我一樣，被王家春先生的創意所震撼——將人生哲理與中國畫完美結合，妙哉！妙哉！這是中國傳統文化的傳承，是化難為易的快捷方式，是刻板到靈活的轉換。這樣的結合可以說是巧奪天工！

中國有句俗語叫「不聽老人言，吃虧在眼前」。老祖宗的智慧隨手即可拈取，而且綿綿不絕、受用不盡。或許是老祖宗的話略顯通俗，王家春先生的哲理中國畫就巧妙地讓這種通俗雅觀起來，而且饒有時代氣息，意蘊盎然，清新典雅。

著名美術理論家陳履生先生在談到哲理中國畫的特殊意義時說：「家春在審美功能之外將繪畫中的哲學思考傳授給人們，使那些圖像富有教化功能和教育意義，這種功能上的追求有著積極的社會意義，尤其是在當下，可能具有一般的說教所難以實現的功能，因為它的一目了然往往會使處於迷惑中的人豁然開朗。家春的這種努力像心理醫生那樣，用種種專業的手段去喚醒人們去面對新生活，追求新生活。他的藝術能夠讓人頓悟，讓人看到新的希望。」

王家春先生是哲學系的高材生，雖然從事行政工作，但是他的頭腦卻是超越「世間紅塵」的，或者說是始終充滿著哲理式的思維的，這大約源於他充滿哲學靈感的睿智。乍一看，哲理中國畫就像一碗白開水，既沒有茶的芬芳，也沒有咖啡的香醇，更沒有紅酒的醉人，樸素得甚至有些寒酸，但卻是我們日常生活中必不可少的養分。同時，他把「畫意」濃縮在了意境之內、題跋之中，一幅畫作，引發無限的靈感，邊款寥寥數語，質樸天真且哲理趣生。

嚴格說來，王家春先生稱不上國畫大師，但他獨闢蹊徑推出的「哲理中國畫」可謂獨樹一幟，在中國畫壇佔據了一席之地！

品讀王家春先生的作品，一種迥異於傳統畫作的「享受」撲面而來，讀者往往都會心一笑，笑裡有認可，有讚嘆，有釋然。

看到「心有多寬，天地就有多寬」，眼界狹隘的朋友必然會積極地開拓視野；「花開自美，評語由人」讓過度在意他人看法的朋友把更多的注意力放到自己身上，就像湖裡的荷花，只顧亭亭玉立即可，不必在意行人是在觀賞它，還是選擇欣賞陸地上處處盛開的玫瑰；「人比山高，腿比路長」可以說勝過千言萬語，圖畫裡驕傲地站立於山頂的那個人，給了我們更多的能量；在「束縛，有時是一種愛」中，那個被一圈圈麻繩纏繞的樹，讓很多人頓悟，從此便可以欣然接受許多來自家庭、社會、工作的束縛，逐漸成長為有承擔，能包容的人。

如同他的畫，王家春先生的文字也是通俗易懂，沒有任何粉飾，彷彿是田邊潺潺的流水，甘甜卻不做作。

衷心地希望本書為人們的生活注入新的活力，從此享受全新的每一天與激情四射的人生。

【推薦序二】哲理入畫更動人

認識家春先生，可以說，是我們福慧慈善基金會同仁的福分。

多年來，在他的幫助下，我們在陝西做了一點助學的工作。他公事繁忙，給我們安排好助學行程後，其實是不需要「御駕親征」的，可是他每次都擠出時間和我們一起去每家接收捐助的學校，為同學們做一場特別發人深省、特別感人的演講，讓同學們深受啟發，獲益良多。這也是我們每次助學活動的高潮、主菜了。家春先生在百忙之中還會來給同學們講課，顯示了他對清貧學子的關愛之心，也就是他的慈悲心。我在一旁聽著他給同學們講的話，言簡意賅，字字珠璣，閃耀著智慧的光芒。這慈悲加上智慧，不正就是佛家講的「悲智雙運」？

及後，我又有機緣欣賞到他的哲理中國畫。每一幅都充滿了空靈與智慧，能讓人在煩囂的生活中安靜下來，好好洗滌一下自己的心靈，好好靜思一下。儘管他的哲理畫與豐子愷的畫異曲同工，我倒認為他那樸拙的哲理畫更能契合現代人的生活，更能讓現代人有所反思。喜愛他的畫、向他求畫或收藏他的畫的人甚多，可是家春先生卻把他的畫作拿來義賣，所得悉數用諸慈善公益事業。這也當然反映了他的大愛之心、慈悲之心。這樣一來，每一幅畫其實也是「悲智雙運」的最佳寫照。

我衷心祝願讀者諸君能從這本佳作中感受到和學習到家春先生的「悲智雙運」，從中有所感悟，進而令自己生活得更快樂自在。

李焯芬
香港大學副校長
中國工程院院士
香港福慧慈善基金會會長
國際佛光會副會長

【推薦序二】太陽每一天都是新的——我看王家春的畫（摘錄）

中國繪畫的發源雖然是在自然的基礎上，即藝術來源於生活，但是，中國繪畫又不是完全摹寫自然，它在發展過程中，從竭盡全力模擬自然到超脫自然，這其中的變化就是中國藝術在發展過程中所強化的文化理念和哲學思想給予繪畫本體的影響。

藝術的發展和藝術的變化需要欣賞者的支撐，曲高和寡，沒有人能欣賞，只能是書齋中的個人愛好。在人們看慣了這種現實的圖像時，當人們看到了豐子愷繪畫風格的獨樹高峰，人們以驚奇的目光看待這個時代的另類，給予的讚賞正是時代藝術審美中的互補性，為豐子愷開闢了他獨享的通途。豐子愷用漫畫的方式將水墨畫帶到了一種與時代潮流迥然相異的審美趣味中，他顯然不同於傳統水墨畫的表達方式，在幽默的表達中也豐富了審美的內容。豐子愷曾經的現實意義獨立於主流風格之外，是二十世紀藝術中的一朵奇葩。雖然，他為世人所重，可是學者寥寥。因為他的意義是建立在文化品味之上，而這個文化品味中的哲思，又是一般人難以學到的核心內容。這不是通常所論的筆墨問題，也不是繪畫的某種技巧問題，可是，他的影響力卻實實在在的反映在繪畫的現實之中。

家春是當代中國畫壇上為數不多的在豐子愷道路上前行的畫家，他之所以選擇這條藝術道路，一方面是因為他的哲學家出身，他的許多的哲學理念只有透過繪畫才能夠表達。二是因為他的非繪畫專業出身，他沒有專業畫家的那些框框，因此，豐子愷一路的畫法最適合他。多年來，家春以哲學家的思考畫了很多富有哲理的畫。家春的這些畫顯然不是追求審美上的境界或者意趣，他是透過哲學的境界和意趣去喚醒人們在審美上的新的感受。這種視覺的或觀念的轉換，超越了一般繪畫審美的範圍。

如果說，一般畫家的繪畫是愉悅，那家春的畫就是思考。學哲學出身的他，在人生的歷程中有很多哲學的感悟，這些感悟是他在哲學的基礎理論之外的一種人生的思考。他在畫面中所呈現的哲學思想，並不是哲學教科書中的深奧的學問，而是非常淺顯和通俗的道理。有些淺顯的像大白話，通俗的如口頭禪，一目了然，一望便知，可見他是以一種大眾哲學的方式來推展那些深奧的道理。

正因為如此，家春的畫得到了很多人的欣賞。我想，這其中的最基本的原因並不是繪畫本身的好與壞的問題。家春非常執著的表現人和事，把人和事中的哲學理念透過一些簡單的圖像表達出來，真正是寓教於樂。他的那些圖像有些像看圖識字那麼淺顯，但是，其意趣和豐子愷的許多畫有異曲同工之妙，這無疑引起了我對於繪畫功能的另外一些思考。繪畫除了審美之外，還可以有其他的功能。在二十世紀有一段時間特別強調繪畫的社會教化功能，甚至把它提升到審美功能之上，成為唯一性的追求，但是，這只是一個不合藝術規律的階段性的過程。

家春在審美功能之外將繪畫中的哲學思考傳授給人們，使那些圖像富有教化功能和教育意義，這種功能上的追求有著積極的社會意義，尤其是在當下，可能具有一般的說教所難以實現的功能，因為它的一目了然往往會使處於迷惑中的人豁然開朗。家春的這種努力像心理醫生那樣，用種種專業的手段去喚醒人們去面對新生活，追求新生活。他的藝術能夠讓人頓悟，讓人看到新的希望。就功能意義上來說，繪畫如果能實現上述的目的，它是有益於人民的，有益於社會的，有益於繪畫發展的。

從另一方面來看，家春在近年來的努力探索中，其繪畫的技藝也得到了不斷的提升。他的這些被稱之為「哲理畫」的作品，造型質樸，筆墨簡單，可是，構思巧妙，構圖奇異，與一般的專業畫家的作品有著明顯的不同。因為，他畫面中所表現出的哲思和幽默的語言，往往讓人們忘記了審美中關於技術的一些基本原理。家春正是在基本原理之外化腐朽為神奇，以神來之筆將許多哲學的道理和人生的感悟娓娓道來。他的繪畫中的一些規律性的問題主要是在他的題跋之上，詞語雖然簡單，但思想深刻，其邏輯性中蘊含的哲思往往可以做為人生的座右銘。

家春不斷告訴人們「太陽每一天都是新的」，相信他的「哲理畫」正如他畫中所表達的太陽一樣，每一天、每一幅都是新的。

陳履生
中國國家博物館副館長
著名美術批評家

【推薦序三】心靈補品——我看王家春哲理中國畫

王家春的畫有滋補心靈之功效，如果你不是信手翻翻，真的看進去了，我說的滋補功效就會在你的心靈發生作用。知難而進，鼓勵進取；遇到挫折，懂得退讓。寓孔子於老莊，王家春繪畫所要表達的正是千百年來華夏文化的主體思想，進退自如，大小由之，無可無不可。

繪畫本身在王家春看來只是一個媒介，他把畫意濃縮在題跋，寥寥數語，開啟心智，能夠記得，當是終生受益。買保險，不如看王家春的畫。

「心有多寬，天地就有多寬」、「太陽每天都是新的」、「花開自美，評語由人」、「吃得菜根，百事可為」，王家春題跋，多是尋常道理。貪慾起時，人心迷亂，尋常道理，誰還記得？

豐子愷曾作「護生畫集」，造福眾生。王家春畫勸人向善，慰撫人心，功與子愷一同。

王家春自謂哲理中國畫，其實他的畫不僅僅是說道理，單從繪畫角度看，他的圖式一定經過百鍊千錘方入此境。中鋒用筆，筆痕質樸，人物造型簡約，與畫意表達氣質渾然天成。王家春造境更是奇絕，想著似乎不可能，看來卻是無所不能，畫中人時而俯岸觀魚，時而登頂為峰，此中意境皆由心生。

我喜讀王家春繪畫，在於其遊於藝，更富理，還能慰藉人們的心靈，時代需要這樣的畫。

懷一

中國『畫風』主編

新文人畫著名策展人和出版人

畫家、評論家

哲理，不會給人成功，但會給人成功的方法！

哲理，不會給人幸福，但會給人幸福的道路！

哲理，本身蘊藏著驚人的能量，有時候，只在一剎那，

就會使一個人由悲變喜，由茫然到頓悟，由消沉到積極，

由糾結到放下……

輯一　寬心

輯二　勵志

輯三　智慧

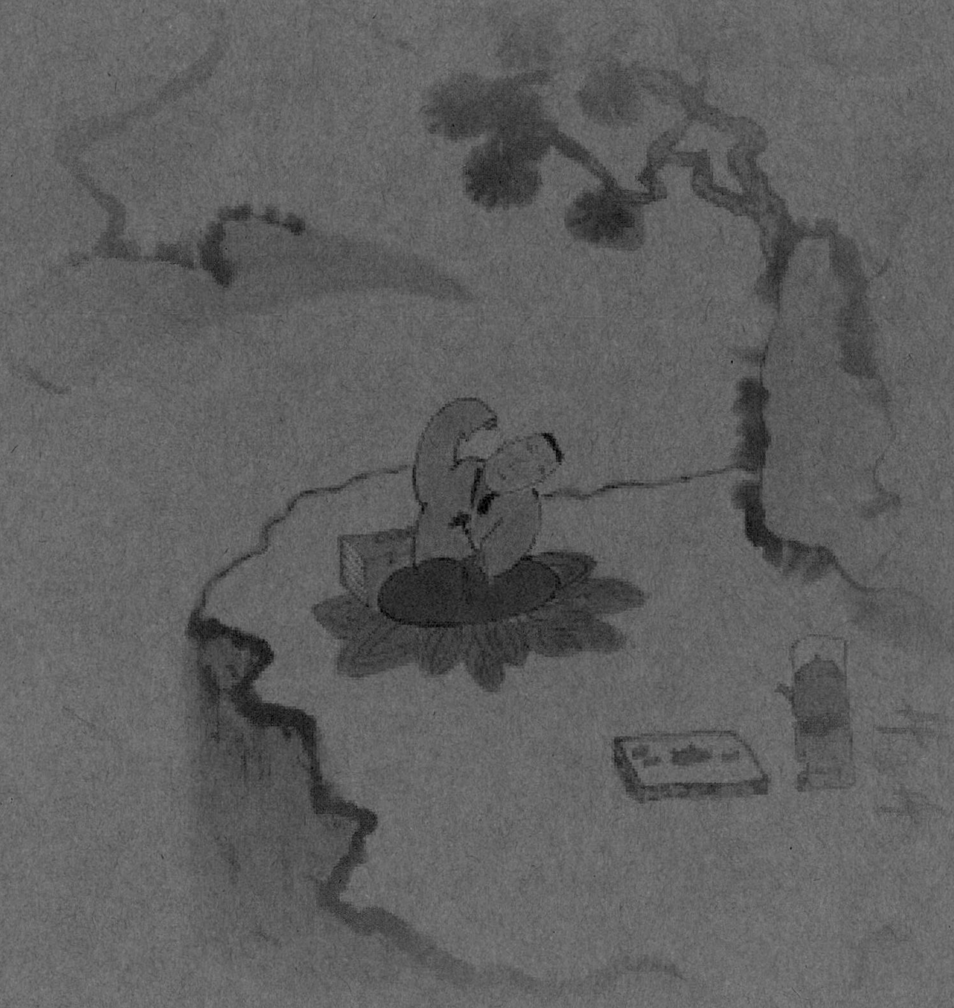

輯一 寬心

神仙尚有不足，
何況我輩凡夫？
不求事事如意，
只要問心無愧。

心有多寬，天地就有多寬

把心放寬
所有的煩惱都不再是煩惱
當作人生大河中的一片枯葉
靜靜地讓它飄過就是

把心放寬
所有的困難都不再是困難
當作人生高峰中的一段陡梯
咬緊牙關挺過去就是

心有多寬
天地就有多寬
把心放寬
所有的困難就不再是困難
當作人生高峰中的一段陡梯
咬緊牙關挺過去就是

圖片文字：心有多寬，天地就有多寬

把心放寬，所有的困難就不再是困難，當作人生高峰中的一段陡梯，咬緊牙關挺過去就是。

是晴是雨，全在自己

有時候
外面下著雨
心卻是晴的
晴得那麼燦爛
彷彿雨不是雨
而是晴朗天空下
飄動的柳絲

有時候
外面是晴的
心卻下著雨
彷彿生活中充滿陰霾

其實
心中的天氣是晴是雨
全在自己

圖片文字：心中的天氣是晴是雨全在自己。

把快樂放大，把煩惱縮小

有時候，莫名地鬱悶一整天。追其原因，竟只是旁人的一個眼神。有時候，無端地開心一整天，是有什麼大好事嗎？追其原因，也只是因為一個好朋友傳來了一條有趣的簡訊。

人生就是這麼玄妙。

有這樣一個笑話：一位農婦不小心打碎了一顆雞蛋，這本來是一件小事，可是農婦不這樣想，她接連幾天都在懊悔：這可是一顆雞蛋呀，它可以孵化成一隻小雞，小雞長大後是一隻母雞，可以下很多蛋，蛋又可以變好多雞。農婦越想越痛苦：天啊，我打碎的哪是一顆雞蛋，分明是一個養雞場啊！

古訓說：人生不如意十有八九。臺灣作家清玄據此擬了一副對聯：常想一二，不思八九，橫批：如意。人生本來是痛苦的，不如意遠遠多於如意。把如意之一二事放大，把不如意之八九之事放下，人生就會快樂多了。

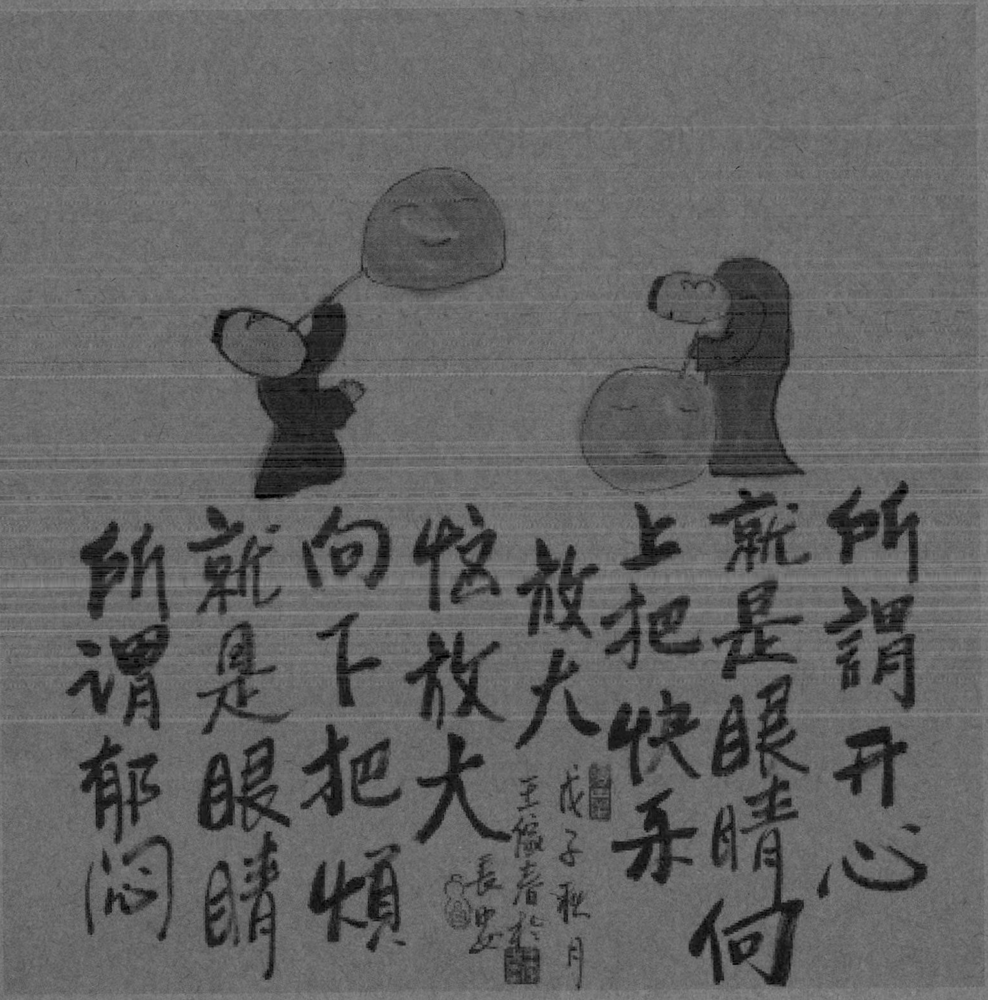

圖片文字：所謂開心就是眼睛向上把快樂放大，所謂鬱悶就是眼睛向下把煩惱放大。

船到橋頭自然直

再困難也要笑一笑
再失落也要挺起胸
沒有跨不過的坎
沒有過不去的河
上蒼給了我們最好的辦法
用時間去解決一切

永遠記住
只要努力
車到山前必有路
船到橋頭自然直

圖片文字：**船到橋頭自然直。**

永遠記住，只要努力，車到山前必有路，船到橋頭自然直。

花開自美，評語由人

歐洲有人做過一個實驗：把人們公認的最美的五官和臉型，用電腦組合在一起。很多人歡呼，世界上最美的臉將要誕生了……

結果出來後，人們大跌眼鏡，最美的五官組合在一塊竟是那樣的不協調，而且越看越彆扭。

看來：人不可能把所有的優點集於一身。就如荷花雖聖潔，但不能生於陸地；牡丹雖美，卻只有幾天花期。再美的事物也有缺憾，從一定意義上說，缺憾造就了完美：如若荷花生於陸地，哪有「出淤泥而不染，濯清漣而不妖」的品格；如若牡丹四季不敗，哪裡「花開時節動京城」的氣魄？

自己就是一朵花，花開自美，不必過多地在意他人的評語……

圖片文字：**花開自美，評說由人。**

自己就是一朵花，花開自美，不必過多地，在意他人的評語。

換個角度看，悲喜兩重天

有一位老太太，無論晴天還是雨天，總是哭哭啼啼。鄰居很納悶，問她為什麼。老太太答：晴天不下雨，大女兒賣傘沒生意；雨天沒太陽，小女兒造香曬不乾，我們的命真苦哇！鄰居聽完笑了一下回去了。

第二天，鄰居又過來老太太家，問：今天晴天，你小女兒造的香能曬乾嗎？老太太想了想，高興地說：「能！能！」

隔天，天空下雨，鄰居來到老太太家，問：今天下雨，你大女兒賣傘生意好嗎？老太太高興的合不攏嘴：「好！好！」

同一件事物，換個角度看，悲喜兩重天。現在的困難，是將來的經驗；現在的挫折，是走向成功的磨練。

圖片文字：農夫喜之潤良田，車夫煩之行路難，世上萬物皆兩面，換個角度試試看。

同是一件事物，換個角度看，悲喜兩重天。現在的困難，是將來的經驗；現在的挫折，是走向成功的磨練。

微笑是最大的財富

達文西的「蒙娜麗莎」令無數人追尋神秘微笑背後的秘密。雖然我不知道答案，但是我明白：微笑是人類的專利，是造物主送給人類的最大財富，它取之不盡，用之不竭。可惜，很多人不會用，更不知道珍惜。

微笑，似蓓蕾初綻。真誠和善良，在微笑中洋溢著感人肺腑的芳香。

用微笑面對生活吧，你將朋友越來越多，對手越來越少；成功源源不斷，困難逃之夭夭；開心幸福常在，鬱悶矛盾消失。

在順境中，微笑是對成功的嘉獎；在逆境中，微笑是對創傷的理療。

平凡的人因微笑而出眾，窮苦的人因微笑而富有。正如一位西方哲人所說，生活中無論遇到什麼，你都微笑吧！即使是裝出來的，總有一天，它會變成真的！

從每一個平淡的微笑開始，走向人生的另一個境界！

今天，你微笑了嗎？

圖片文字：微笑對別人是禮物，對自己是財富，今天，你微笑了嗎？

平凡的人因有微笑而出眾，窮苦的人因有微笑而富有。從每一個平淡的微笑開始，走向人生的另一個境界！

越簡單，越幸福

在忙碌的工作和生活中，經常會突然有一種奇怪的感覺：好懷念兒時坐在老家牆根的樹蔭下，拿本閒書，信手而翻。

幾乎所有的朋友都感覺從年初到年尾的距離在縮短。在物質財富增加的同時，我們的忙碌、煩躁、慾望……都在以更快的速度增加。唯一減少的，是我們的幸福指數。

我在想：如果能夠「放下」，靜靜地坐在牆根，捧一本閒書，享受一下無功利的閱讀感，也許，我們的內心就能感覺到什麼是真正的幸福。只是這最簡單的事情，越來越不容易實現了。

圖片文字：能倚在牆根看本閒書的人 一定內心很幸福。

能倚在牆邊看書的人內心一定很幸福。只是這最簡單的事情，其實越來越不容易實現了。

改變心態，改變自己

心態
決定命運

好的心態
無論處在怎樣的低谷
也會給人向上的動力

不好的心態
總是在破壞
美好的心情和生活

我贊成祈禱
它不一定真的能改變神的意志
但它可以改變人的心態
給人向上的力量

為自己的人生目標祈禱
並付諸行動吧
遇到什麼挫折也不氣餒
天會佑助我們

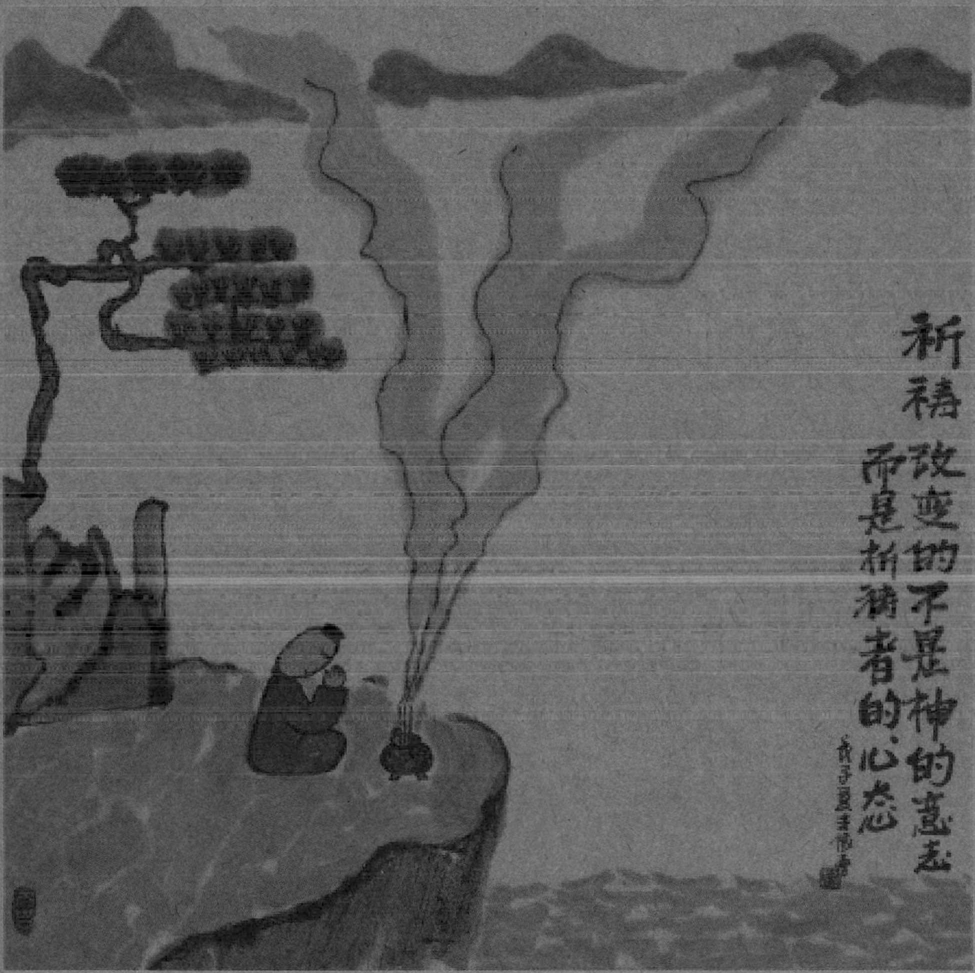

圖片文字：**祈禱改變的不是神的意志，而是祈禱者的心態。**

祈禱，它不一定能改變神的意志，但它可以改變人的心態，給人一種向上的力量。

人生如河，淡定面對

人生
總是很怪
不想要的 想擋也擋不住
偏偏會來
想留住的 怎麼努力都無濟於事
總會走開

其實
人生如河
在我們的生命之河裡
無論我們喜歡還是不喜歡
總會有很多東西流過

淡定地面對
高高地俯瞰
靜靜地接受
而不是抵觸
無論喜煩
其實
都僅僅只是當時的一種感受

換個角度
活在當下
人生 其實非常豪邁

圖片文字：人生如河，該來的總會來，該走的又總會漂走，當下最好。

人生如河，在我們的生命之河裡，無論我們喜歡還是不喜歡，總會有很多東西流過，淡定地面對，高高地俯瞰，靜靜地接受。

把自己放小一點

佇立高山
面對大海
其實
我們只是
山上的一粒砂石
海中的一粒水滴
我們沒有什麼值得炫耀
即使我們有偉大的成就
面對自然

我們是那麼渺小
把自己放到一個
渺小的位置上吧
在這個位置
再去看你的得得失失
再去面對周圍的一切
你會驚異
好多煩惱不應該是煩惱
好多開心在你身邊圍繞

圖片文字：認識自己渺小一點，開心和快樂就會多一點。

人生是一捨一得的過程

朋友開玩笑說：「現在薪水越來越高了，快樂越來越低了；熟人越來越多了，朋友越來越少了；吃得越來越好了，健康越來越差了。」

看似玩笑，其實內含哲理。佛家有云：「捨得捨得，有捨才有得」。

正如平凹先生所講：「人在世上活著也就是一捨一得的過程。會活的人，或者是成功的人，其實是懂得兩個字的：捨得。不捨不得，小捨小得，大捨大得。要得便須捨，有捨才有得。捨得，是一種精神；捨得，是一種領悟；捨得，是一種成熟；捨得，更是一種智慧，一種人生的境界。」

悟出了捨得之間的妙處，我們還會為生活中的得得捨捨而煩惱嗎？

圖片文字：**捨得得捨。**

捨得，是一種精神；捨得，是一種領悟；捨得，是一種成熟；捨得，更是一種智慧，一種人生的境界。

不求事事如意，只求問心無愧

追求完美，聽起來多麼高尚，但世上並沒有完美。

最近幾年，抑鬱病人不斷增多，一個重要的原因是：在競爭激烈的今天，企圖透過追求完美來取得競爭勝利的人越來越多，求完美的人越來越多。佛說：凡事都是有定數的，不能強求。想想吧：

神仙尚有不足，何況我輩凡夫？

不求事事如意，只要問心無愧。

圖片文字：神仙尚有不足，何況我輩凡夫？

生活是一面鏡子

生活
是一面鏡子
有大有小
有精緻有簡陋
有豔麗有單調
不同的鏡子裡
反射出不同的生活
但有一點
是共同的

你對它笑它就對你笑
你對它哭它就對你哭

我們很難選擇鏡子
但可以選擇
面對鏡子
是笑還是哭

圖片文字：**生活是面鏡子。**

生活是面鏡子，你對它笑他就對你笑，你對它哭他就對你哭，面對生活的鏡子，笑上一笑吧。

天塌下來，高樓大廈頂著

鄧小平說
我一向樂觀
天塌下來
我也不怕
因為有高個頂著

人生
在每個階段
都會遇到一些困難
猶如天要坍塌
使人寢食不安

其實天
壓根不會塌下
因為有城市的高樓大廈
給我們撐著

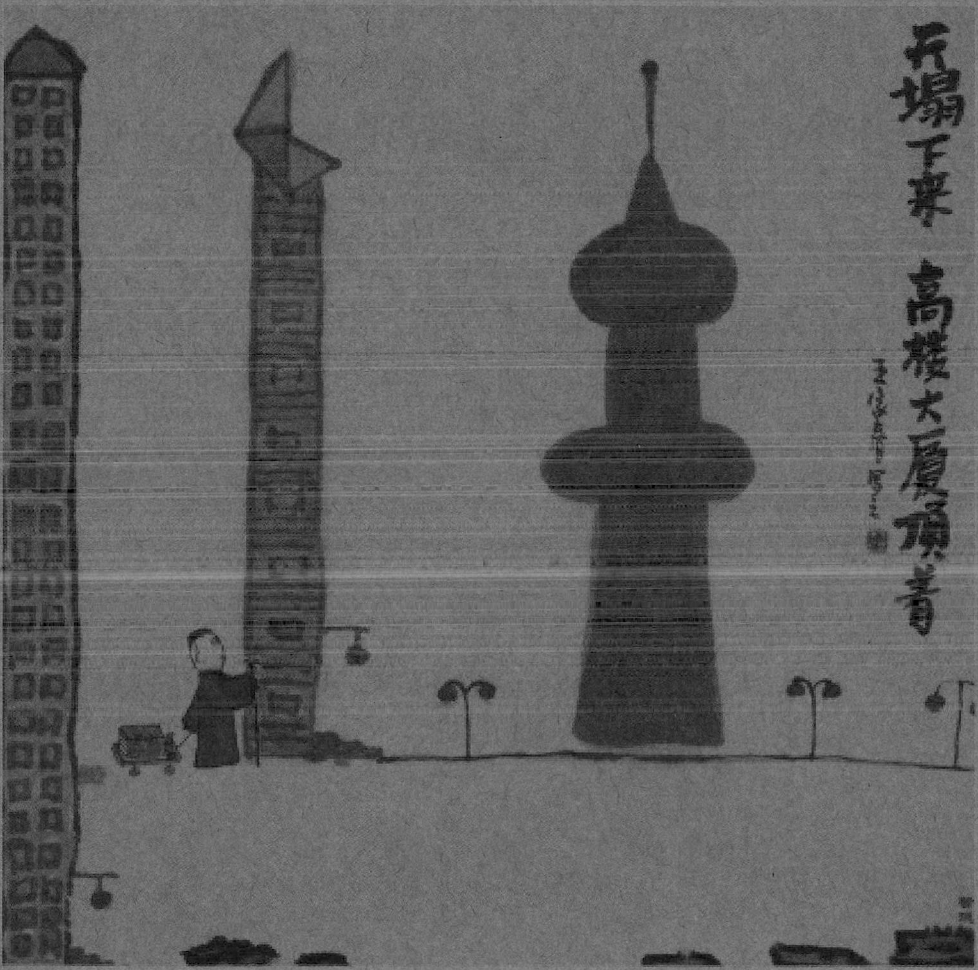

圖片文字：天塌下來，高樓大廈頂著。

天塌下來，有高樓大廈頂著，其實天壓根不會塌下來。

天下本無事，庸人自擾之

上蒼把一模一樣的兩幅畫分別給了兩個人。畫中仙境般的優美風景讓人身臨其境。看到他們愛不釋手，上帝提出了一個小小的要求，讓他們把畫掛在自家的牆上。第一個人一看牆上正好有一個好多年前留下的釘子，雖然不好看，但正好可以掛上，他便隨手掛了上去。畫一被掛在牆上就更美了，家裡也頓時亮起來了。釘子的簡陋被完全掩蓋了。

第二個人拿著手中珍貴的畫心想：一定要有漂亮的掛鉤才能與這幅畫相配，便把畫小心翼翼地放好，出去尋找掛鉤去了。可是，他認為這幅畫太好了，一般的掛鉤都配不上它。他四處奔波，越走越遠，處心積慮，儼然掛鉤就是他生活中的一切了，可是到最後，還是沒有找到想像中的完美掛鉤。此時的他，已經忘記了畫是什麼內容，甚至忘記了為什麼要找掛鉤，在悻悻然中，回到了家中。

上蒼問他：「為什麼不把畫掛在牆上啊？」

「啊？畫？對了，我忘記放什麼地方了。因為我去找和它相配的掛鉤了，可是一直都沒找到啊！」

上蒼感嘆：這就是人和人之間的區別啊！有的人第一時間會欣賞人生的風景，有的人卻在用生命為掛鉤奔波。生活也需要智慧！

在生活中，我們是不是已經擁有了美麗的畫卷，卻還在為找不到與之相配的掛鉤而自擾呢？其實不用刻意去找，用個木棍掛到牆上，不是一樣可以欣賞嗎？

很多時候，我們是在為掛鉤而煩惱，也正因應了一句笑話：庸人不自擾，哪有天下事，一笑了之吧。

圖片文字：天下本無事，庸人自擾之。

有的人第一時間會欣賞人生的風景，有的人卻忽略身旁的風景而奔波，這就是有沒有智慧的區別，天下本無事，庸人自擾之。

向上看是風景，向下看是泥土

人生
有很多無奈

想要的
往往難求
不想要的
如影隨形

人生
也有很多豪邁
我們無法自由地選擇
出身工作和生活

但我們可以選擇
奮鬥積極和坦然

就如
在人生的小屋中
我們可以選擇
無論遇到什麼
總是
抬頭向前看

圖片文字：同一扇窗戶，向上看是風景向下看是泥土。

無論遇到什麼，我們可以選擇，抬頭向前看！

心靜才有花美

在縣裡工作時，我在一個小庭院裡辦公。有一年的假期，我值班。早上打開辦公室的門，眼前一亮：哇，太美了！院子裡擠滿了各式各樣的花朵。特別是牡丹，朵朵都在展現自己華貴的身材。

「是一夜間開的嗎？」我問同事。

「已經開了好多天了，只是這兩天牡丹開得多。難道你一直都沒發現嗎？」同事也很驚訝。

啊！我頓時感悟：每天從早到晚工作，把心擱置在忙碌與喧鬧中，也就身在花中不知花了。今天沒有其他事情，讓自己的心安靜下來後，才看到了周圍美麗的鮮花。

人生不也一樣嗎？著名的雕塑大師羅丹說過：「生活中不是沒有美，而是缺少發現美的眼睛。」生活中有很多美好的事物，就像院子中的花兒一樣，只是我們在競爭的社會中心變得浮躁了，好多美好在身邊，卻不懂得欣賞。

只要心靜，即使是路邊一朵小花，我們也會感覺它是那樣的美麗。

圖片文字：**心靜才有花美。**

只要心靜，即使是路邊一朵小花，我們也會感覺它是那樣的美麗。

隨遇而安，隨性而求

幸福
就像一隻蝴蝶
當我們刻意追求的時候
它總是飛來飛去
欲捉不能
欲罷難休

靜下來
安享當下的擁有
該做的用心去做

該止的忍痛去止

隨遇而安
隨性而求
在知足之上
行進取之心
靜靜地
靜靜地
蝴蝶
就會落在我們身上

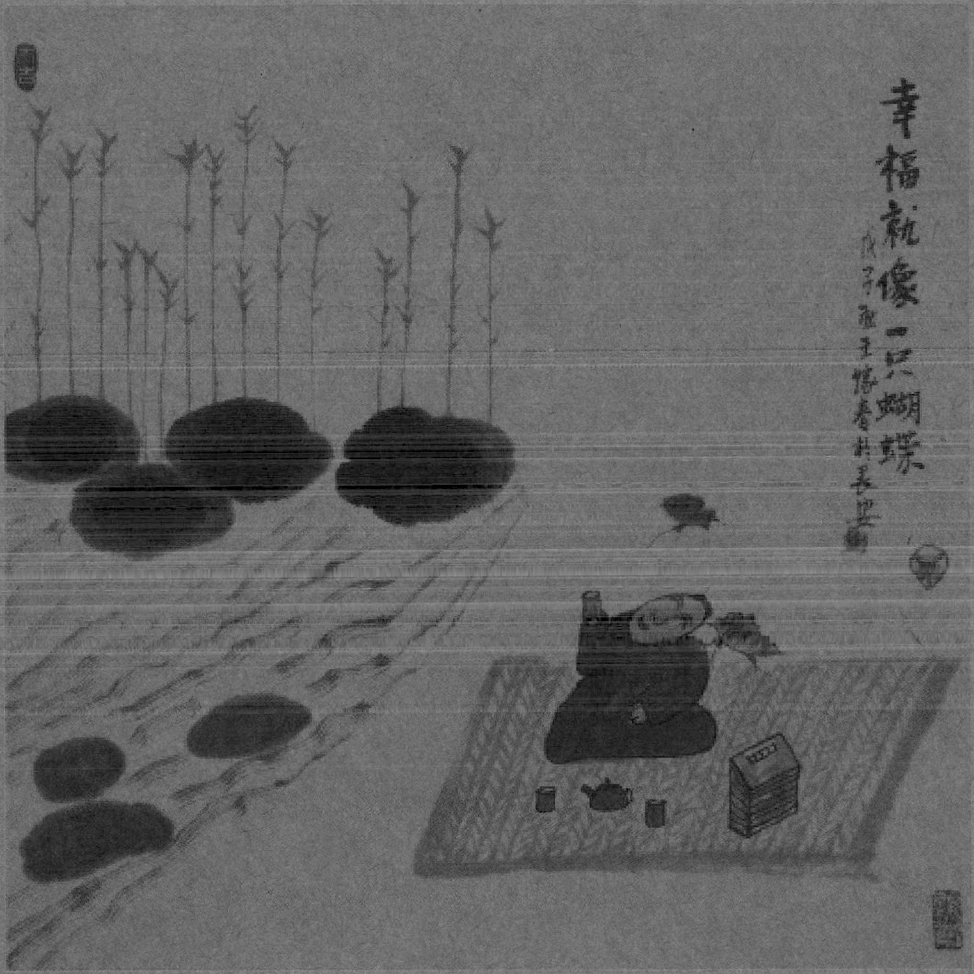

圖片文字：**幸福，就像一隻蝴蝶。**

幸福，就像一隻蝴蝶。靜下來，安享當下的擁有，隨遇而安，隨性而求，蝴蝶就會落在我們身上。

胸懷和肚量是冤枉撐大的

一個有博大胸懷的人無論在家庭中還是社會中，都會受人尊敬。因為他們，對誤解清風能感，對批評熱血能化，對壓抑修竹有情，對誹謗蘭香有懷。受到冤枉，做清水淡飲；乍逢喜事，淡然不顛；遇到嘲諷，笑當清風拂面；突遇悲愁，泰然不驚。

我們往往很好奇，這些人為什麼會有如此大的胸襟？眾人也許不知：人之初，胸懷都是一樣大的。用物理學的概念來講，容積相當。

那麼，如何成為一個胸懷寬廣的人呢？

在人生道路上前進，總是免不了有這樣那樣的不平衡。勇敢地把這些負面感受放到心裡，心中存放的委屈多了，胸懷自然就「撐」大了，如文王姫昌，如越王勾踐。而一點委屈都容不下，容積怎會變大？心胸如何寬廣？於家庭，於社會，於友誼，於事業，都是一樣的道理！

圖片文字：**胸懷和肚量是冤枉撐大的，受不得委屈則成不了大事。**

人之初，胸懷的大小都是一樣的，面對不公和不平，從大局出發，心中存放的委屈多了，胸懷自然就「撐」大了。

陽光總在風雨後

在沒有坐過飛機之前，總認為陰天就是從上到下，整個天空裡都是陰沉沉的。而這幾年南來北往，坐在飛機上卻發現：陰天時候，穿破烏雲層，上面竟然陽光燦爛，縷縷陽光籠罩著整個機身。

這才明白：其實陰天和晴天，只上下相差幾千米而已。

生活中，無論偉人還是凡人，誰都不可能總是過著陽光燦爛的日子，在不經意的某個時間，烏雲會突然籠罩在天空。這個時候，我們應該知道：我們的頭頂不只有烏雲，還有陽光。

等待陽光的日子，雖然總會有絲絲的憂傷，但誰能說不是一種幸福？

圖片文字：**陽光總在風雨後，烏雲上面是晴空。**

生活中，無論偉人還是凡人，不可能總是陽光燦爛的日子，即使烏雲籠罩，上面還有陽光，等待陽光的日子，誰能說不是一種幸福。

一花一世界

一朵花兒
影印著整個世界
有人看到的是美麗
有人看到的是凋零
有人看到的是真情
有人看到的是欺騙

陽光時
花兒燦爛
陰雨時
花兒心痛

美麗的花朵
尚且千人千評
有晴有雨

人生
怎能企求總是讚譽
總是晴空

圖片文字：一花一世界。

美麗的花朵，尚且千人千評。人生怎能企求，總是讚譽總是晴空。

陰鬱的日子也有風景

快樂的日子是日子
陰鬱的日子也是日子
在生命的歷程中
所有的日子
都是我們生命的組成

如果蒼天
把我們陰鬱的日子剔除
只有快樂
沒有陰鬱
只是生命長度縮短
恐怕贊同者不在多數

就像我們的頭上
不會永遠是晴空
我們的生活
也不會每天快樂

在陰鬱的日子裡
朋友
我們要像旅行中遇到風雨一樣
不要抱怨
拿起雨傘
去看另一種風景

圖片文字：**認識自己渺小一點，開心和快樂就會多一點。**

朋友，我們要像旅行中遇到風雨一樣，不要抱怨，拿起雨傘，去看另一種風景。

痛苦和煩惱是比出來的

這幅畫作出來的時候，一位女士看後非常高興，說這幅畫好，有哲理：胖人瘦人，各有好壞，沒有必要去比較，非要分出個高低來。

我記得小時候，常聽大人說，人比人，氣死人。有位哲人說過，痛苦和煩惱，矛盾和糾紛多半是比出來的。實際上萬事萬物，原本各有千秋，你有你的長處，他有他的優點。不要庸人自擾，不要總想用一個標準來做評定。活出自己的特點，讓別人去說吧。

用趙賢德的話說：人家騎馬我騎驢，上不足兮，下有餘。回頭看，推車漢。學會自我調節，幸福快樂常在。

圖片文字：原本各有千秋，何必分個高低。

痛苦和煩惱，矛盾和糾紛多半是比出來的，實際上萬事萬物，原本各有千秋，何必分個高低。

知足爲福

因為春天在我們心裡
獨先天下春
一枝梅花
便帶來的是整個春天

若你心裡沒有春天
縱使鮮花放滿房間
你也感受不到春天的氣息

圖片文字：知足為福。

一枝梅花，帶來的是整個春天，因為春天在我們的心裡。

最明還是故鄉月

見月思鄉，每當抬頭看月亮時，都情不自禁地感慨：月是故鄉明，人是故人親，景是家鄉美。在這個時候，兒時的場景就會歷歷在目：手裡拿著月餅，在皎潔的月光下和夥伴們滿街亂跑，打鬧嬉戲……

時間走得太快了，多想讓月亮在空中休息休息，讓我有更多的時間去體驗家鄉的生活。

圖片文字：最明還是故鄉月。

月是故鄉明，人是故人親，景是家鄉美。為什麼？因為我們對故鄉有著永遠割不斷的感情。

輯二 勵志

痛苦和煩惱，
矛盾和糾紛，
多半是比出來的。
實際上萬事萬物，
原本各有千秋，
何必分個高低。

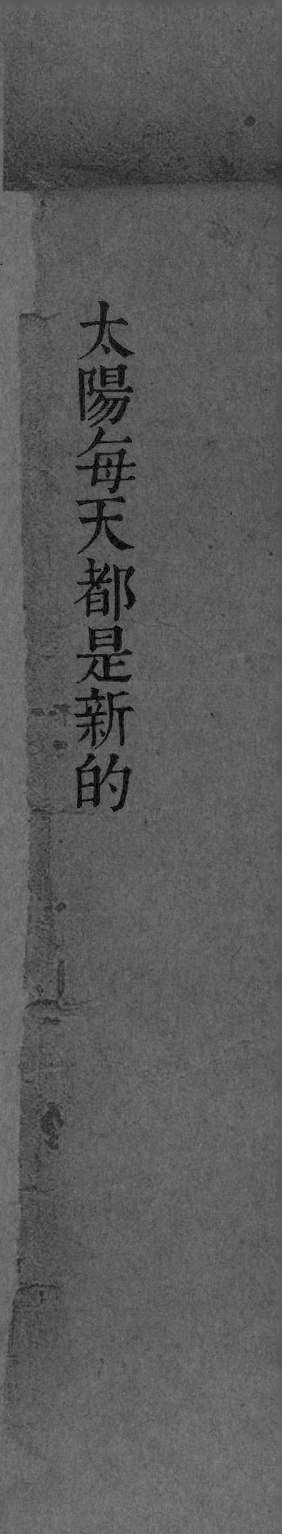

太陽每天都是新的

生活中
有坦途
也有溝壑

無論成功
還是失敗
都已成為過去

明天
又是一個全新的太陽
孕育著
新的一天
新的希望

圖片文字：**太陽，每天都是新的。**

無論成功與失敗，明天的太陽依舊是新的，孕育著新的一天，新的希望。

合抱之木，生於毫末

前一段時間，陪一個香港朋友到一間大學發放獎助學金，在和學生座談的時候，談到未來的就業，有同學就舉例，他聽說某間民營高校的學生剛畢業就被幾十萬年薪聘走。

我無意討論這個事情的是與非，真與假，只是感覺：合抱之木，生於毫末，如果一開始就生成參天之樹，一是不可信，二即使真的有，也是外粗內空，總有一天會霍然折斷的。

世上萬物皆是相通，任何事情，切不可盲目追求速度，於政如此，於商如此，於家如此，於人生也是如此。

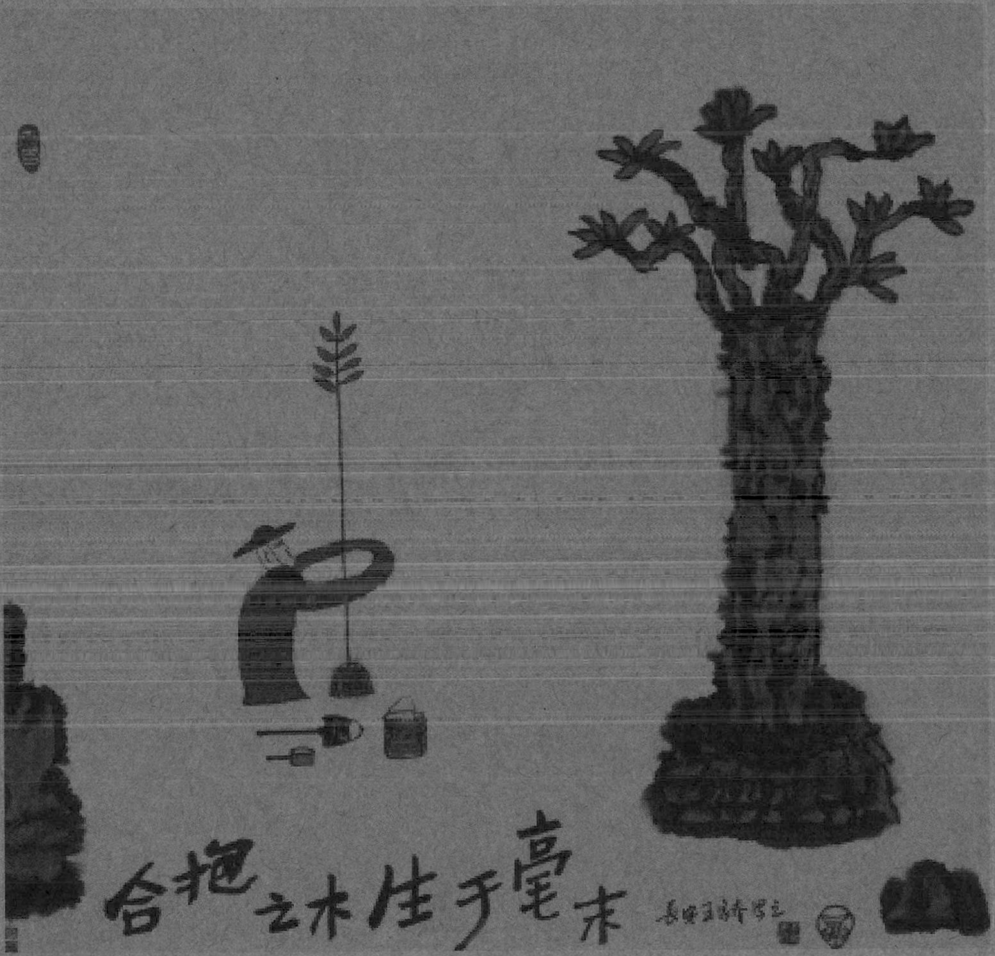

圖片文字：**合抱之木，生於毫末。**

世上萬物皆是相通，任何事情，切不可盲目追求速度。於政如此，於商如此，於家如此，於人生也是如此。

一屋不掃，何以掃天下

東漢著名政治家陳蕃，年少時自命不凡，一心只想做大事業。一天，其父親的朋友薛勤來訪，見他獨居的院內齷齪不堪，便對他說：「孺子何不灑掃以待賓客？」他答道：「大丈夫處世，當掃天下，安事一屋？」薛勤當即反問道：「一屋不掃，何以掃天下？」陳蕃聽後頓思開悟，當下便清掃髒亂房間，並立志從小事做起，慢慢做出一番事業。最後，他終成一代名臣。

老子也有云：「合抱之木，生於毫末；九層之台，起於累土；千里之行，始於足下。」

前蘇聯革命導師列寧也說過，「人要成就一件大事，就得從小事做起。」

看來，只有先「掃一屋」，才能「掃天下」。幸福和睦的家庭、健康快樂的身心、學富五車的睿智、著名品牌的樹立、驚天動地的事業……其實都是從「一屋掃起」的！

今天，你「掃一屋」了嗎？

圖片文字：**一屋不掃，何以掃天下。**

老子云：「合抱之木，生於毫末；九層之台，起於累土；千里之行，始於足下。」故一屋不掃，何以掃天下。

擺來擺去的其實是我們的生命

中國西安的西五台住持——吉祥法師有句發人深省的話：「今天過去了，我們的生命又少了一天。」

靜靜地看著鐘擺，一擺一擺，真如吉祥法師所言，我們有限的生命，就在擺動中流失了。擺來擺去的，其實是我們的生命。

其實，在我們的生活中，我們煩來煩去的、聊來聊去的、爭來爭去的、悔來悔去的、吵來吵去的，不都是在使用著我們有限的生命嗎？

生命苦短，值得爭的就去爭，值得煩的才去煩。珍惜時間，就是在珍惜生命。智慧人生，其實就這麼簡單！

圖片文字：擺來擺去的，其實是我們的生命。

生命就如鐘擺，我們有限的生命，就在擺動中流失了。珍惜時間，就是在珍惜生命。

人比山高，腿比路長

有人說
前進的路上總有高山阻擋著
距離成功總是路途遙遠

是的
如果你只想在家門口閒逛
就不會有高山阻擋
不過
永遠也不會有迷人的風景

如果你把目標定在蹲著就能找著的地方
也不會感覺遙遠
只是
一生也不會體驗排除萬難的快感
一位詩人說過
比山高的是人
比路長的是腿
拿出這種氣概
就會感覺到人生如此豪邁

圖片文字：**比山高的是人，比路更長的是腿。**

比山高的是人，比路長的是腿，迷人的風景在遠方。

懂得選擇，懂得放棄

人生
從開頭到結尾
都是在選擇中進行

不懂的選擇
背負的人生行李
就會壓得你無法前行

學會適時的放棄
才會發覺
人生真的很輕鬆

放棄虛名，追求真實
放棄利益，追求永恆

放棄過去的不幸
追求新的開始
放棄不適合的情感
追求愛的新生

放棄現有的舒適
追求生命的精彩
放棄曾經的成功
追求新的歷程

放棄
真的需要勇氣
更需要智慧
人生
在選擇中痛苦
在放棄中前行

記住
不懂放棄
怎攀高峰

圖片文字：**不懂放棄，怎攀高峰？**

放棄，需要勇氣，更需要智慧；人生，就是在選擇中痛苦，在放棄中前行。

過程和結果一起享受

人
總是渴望成功
不管成功的目標是什麼

其實
不論什麼目標
成功都只是一瞬間
而追求成功的過程
卻總是很漫長

在漫長的過程中
有坦途也有泥濘

誰會說
當前遇到的困難
不是成功路途中的一個過程
把過程和成功一塊享受
人生
就會添加很多樂趣

圖片文字：**成功是短暫的，過程總是漫長的。**

成功，只是一瞬間，而追求成功的過程，卻總是很漫長。把過程和成功一塊享受，人生，就會添加很多樂趣！

大膽唱出自己的歌

人生
就如卡拉OK
如果不去試
則永遠不會有成功的機會
人生的舞臺上
我們當然希望有
掌聲和鮮花
這是我們再上一層樓的階梯

歌唱家的第一首歌
神槍手的第一發子彈
政治家的第一次演說
企業家的第一筆生意
很難說一定有掌聲相伴
要學會的是在沒有掌聲的日子裡
甚至是捂耳唏噓
我們也能大膽地
唱出自己心中的歌

無論是
生活工作
事業愛情
大膽地秀出自己
離成功就近了一段距離

圖片文字：**大膽唱出自己的歌。**

我們要學會的是在沒有掌聲的日子裡，甚至是捂耳唏噓，我們也能大膽地唱出自己心中的歌。

大水漫不過鴨子背

曾幾何時
經商用一個詞表達
叫下海

有的人在海中游得很愜意
有的人被海水嗆得很痛苦
甚至有的人被海水淹滅

其實
人的一生
有各種各樣的海

要想在人生之海中自在地遨遊
關鍵是練就一身遨遊的本領
我想

這應該是俗語
大水漫不過鴨子背
告訴我們的道理

遇到水大的時候
不要埋怨水
而要想想如何增長游水的本領

圖片文字：大水漫不過鴨子背。

人的一生有各種各樣的海，要想在人生之海中自在地遨遊，關鍵是練就一身遨遊的本領。

用知識把自己鑄造成器

三字經曰：「玉不琢，不成器；人不學，不知義。」看來，人和玉一樣，想要成器需要透過工具的雕琢。對人來說，這個工具就是知識。

我的幾個朋友出身貧寒，後來靠自己的努力建立了有一定影響力的企業。當和他們相當的企業老闆都在追求享樂的時候，他們卻擠出時間，參加了碩士博士的學習。我開玩笑說，你要什麼文憑？又沒有人提拔你。他們說，我們不是為了文憑，人可以沒有文憑，不能沒有知識，只有知識，才會提升人生的價值。

是啊，知識提升人生，不僅提升人生價值，也提升人生的內涵、人生的品味、人生的高度、人生的品格……

最近看胡適的文章，他教我們算一道小學水準的計算題：一個人每天花一個小時時間看十頁有用的書，每年可看三千六百多頁書，三十年可讀十一萬頁書。諸位，十一萬頁書可以使人成為一個學者。可是，每天看三種小報也得費你一點鐘的工夫；四圈麻將也得費你一點鐘的光陰；上網聊天，一會兒一個小時就過去了。

權衡一下，你是看小報、打麻將、上網閒逛，還是努力做一個有知識的人呢？

易卜生說：「人的最大責任是把自己這塊材料鑄造成器。」知識便是鑄器的工具。

圖片文字：登高圖。

知識提升人生，不僅提升人生價值，也提升人生的內涵、人生的樂趣、人生的品味……

抵住外在干擾，方能有所成就

如今的年輕人
面對外界的誘惑
三日打魚
兩日曬網

生命有限
干擾無窮
用有限的生命
面對無窮的干擾

只能一生碌碌無為
這山望著那山高
就會為無聊和誘惑折斷腰

專注於一個目標
總有一天
成功會和你擁抱

圖片文字：**抵住外在干擾，方能有所成就。**

不要這山望著那山高，不要為無聊和誘惑折斷腰，抵住外在干擾，方能有所成就。

讀書改變命運

許多人不會學以致用，因此一直在抱怨著：「讀書沒一點用。」當然，這是不對的。

雖然說書中自有黃金屋，書中自有顏如玉。可是為什麼那麼多讀書人還是沒有擺脫現狀。看來，要想從書中獲取財富，透過讀書來改變命運，首先要讀好書、會讀書。死讀書，讀死書，或讀不好的書，改變的也是命運，不過不是向好，而是向不好的方向。

因此，讀好書才能開卷有益，如果書不好，「開卷」不如「不開卷」。會讀書，是指既讀得快，能抓住重點，又能學以致用。歌德說過這樣一句話：「經驗豐富的人讀書用兩隻眼睛，一隻眼睛看到紙面上的話，另一眼看到紙的背面。」這也在鼓勵人們要會讀書。

學會讀書，讓讀書改變命運。

圖片文字：讀書改變命運。

如何讀書？關鍵是好讀書，讀好書，會讀書。讀書能改變命運。

放飛夢想，奔向遠方

每個人都一樣，有兩個自己
一個要腳踏實地，把當前的每一件事做好

考驗人的往往不是前面的高山
而是鞋裡的一粒沙子
克服腳下的一個個難關
成功就會水到渠成

另外一個要放飛五彩的夢想
夢想是風，吹開心願的帆
夢想是帆，載著希望的船
夢想是船，暢遊理想的河
夢想是河，指引你通向成功的海洋

圖片文字：放飛夢想，奔向遠方。

每個人都有兩個自己，一個要腳踏實地，另外一個要放飛五彩的夢想，奔向遠方。

故作堅強，就會堅強

人生在世，無論平凡還是輝煌，都會遇到很多不如意的事情。有些事情就像大山一樣壓在我們身上，肉長的心靈似乎已承受不住重壓，有時候，真的感覺自己就要崩潰。

這個時候，告訴你一個靈丹妙藥——故作堅強。面帶微笑，挺直胸膛，大喊一聲：「天將降大任於斯人也，必先苦其心志，勞其筋骨，餓其體膚。」那一刻，我們真的會變堅強！

圖片文字：**故作堅強，就會堅強。**

天將降大任於斯人也，必先苦其心志，勞其筋骨。故作堅強，就會堅強。

敢在高山寫文章

人生在世
其實
活的是一種氣概
敢在高山寫文章
一是技高能寫
二是磊落光明

把自己修練好
做一個本領高強的人
做一個光明正大的人
生活中暫時有些陰霾
又算什麼呢
又能怎麼樣

高山上那個揮灑自如的人
不就是未來自己的真實寫照嗎

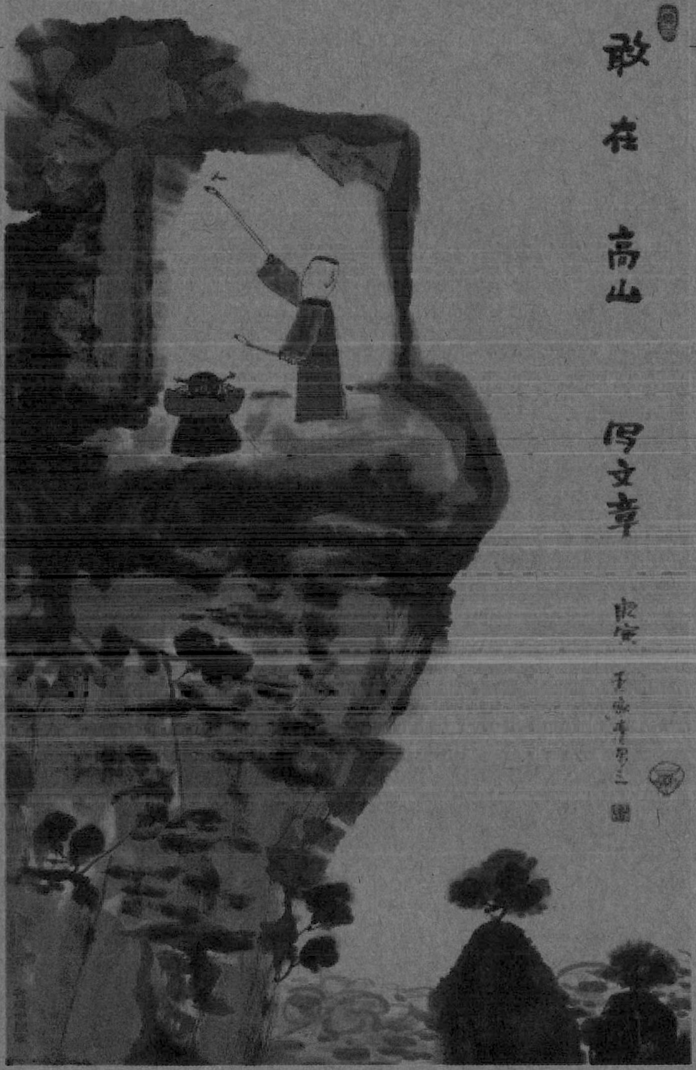

圖片文字：敢在高山寫文章

敢在高山寫文章，一是技高能寫，二是磊落光明。人生，活的是一種氣魄。

花有重開日，人無再少年

在我們的生活中，似乎很多東西都可以重來：事業失敗了，不要緊，從哪裡跌倒，再從哪裡爬起來；愛情不在了，不要緊，真愛在向你招手；健康不再了，不要緊，你學會了如何珍惜自己的身體……所以，我們總是高聲地唱著：春去春會來，花謝花會再開。

可是，我們最珍貴的生命，不可再來。不僅人再無少年，人也再無中年，人也再無老年。

每一天，對於我們來說，都是那樣的珍貴！想一想，你要怎樣度過這麼珍貴的一天。是要心情愉快地奮鬥拼搏，還是要無所事事地杞人憂天呢？

圖片文字：花有重開日，人無再少年。

我們最珍貴的生命，不可再來。對我們來說，每天都是珍貴的。

見面容易拉手難

當唱起中國陝北民歌「見面面容易拉話話難」的經典語句時，我想：比拉話話還難的也許是「拉手手」。

對於任何事情，我們與成功都是「見面容易拉手難」！眼看著勝利在望，成功都在彼方向我們招手了，就在這時候，我們與成功因為各種原因，主觀的或客觀的，沒有成功拉手。

行百里者半九十。所以，成功在望的時候，是更需要努力的時候。

圖片文字：**見面面容易拉手手難。**

成功在望的時候，是更需要努力的時候。

開弓沒有回頭箭

總是有一些彎路
聽了太多的告誡
還是不得不走

總是有一些行程
看似有好多的朋友
還是不得不獨行

總是有一些單項選擇
有許多的猶豫
最終還是要做出決定

這就是人生
開弓沒有回頭箭
無論遇到什麼
既然決定了
就風雨兼程

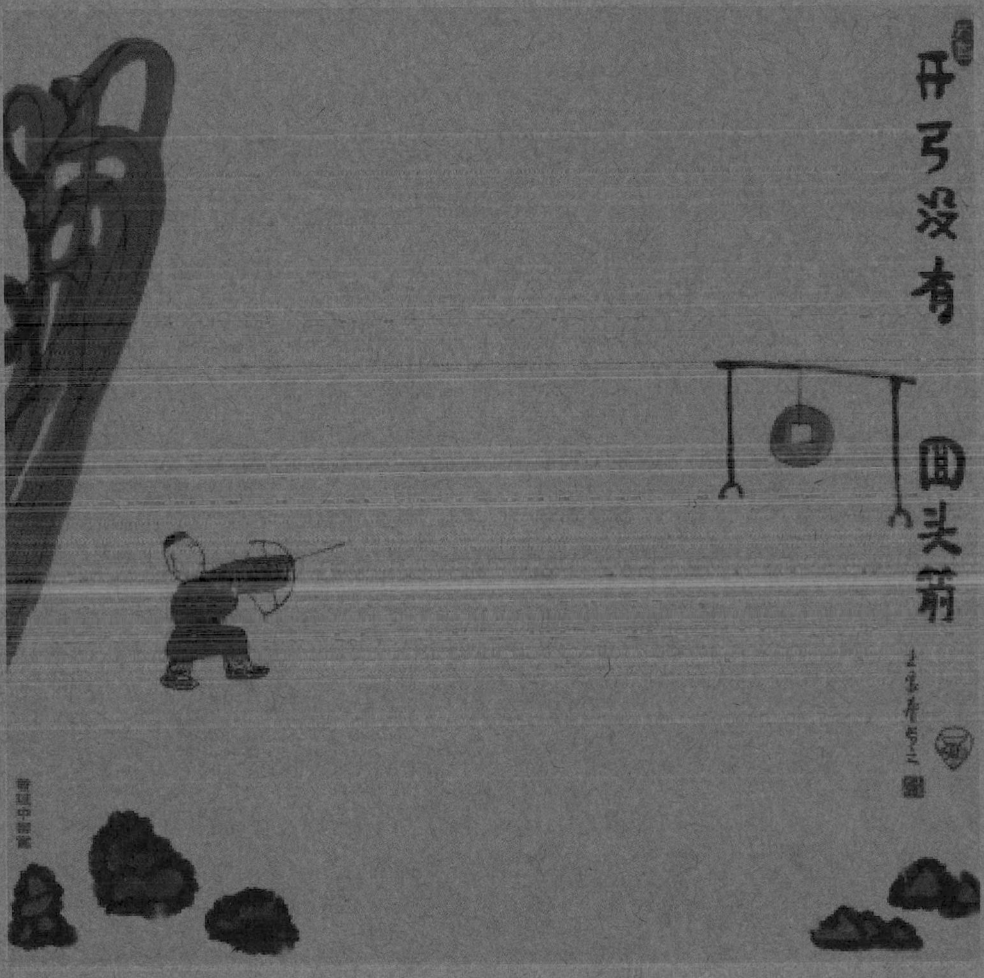

圖片文字：**開弓沒有回頭箭。**

開弓沒有回頭箭，無論遇到什麼，既然決定了，就風雨兼程，一路向前。

立志前行，從來不晚

前一段時間到福建開會，參觀了天福茶葉集團基地，也見到了一個傳奇人物，天福總裁——茶葉大王李瑞河先生。

在經歷過一次三十億元的債務後，五十九歲時，李先生從零開始，到大陸創業，短短十幾年，成就了一個世界級的茶葉王國。

對此，我深有感慨：現在多少人年紀輕輕，就沒有了前進的勇氣，與李老先生相比，是不是應當慚愧？

當然，不一定要賺大錢，做大官，只是為了創造一個美好的人生，也應該立志前行。前方，就是美好的未來，至於時間，從來不晚！

圖片文字：立志前行，從來不晚。

為了創造一個美好的人生，應該立志前行，至於時間，從來不晚！

臨淵羨魚，不如退而結網

經常聽許多人在感慨：如果我有他的才能就好了；如果我有他的財富就好了；如果我有他的社會地位就好了……

要知道，別人的金錢、地位、才能……是透過自己的努力得來的。

有句話叫做：「臨淵羨魚，不如退而結網。」一站在河塘邊，看著魚兒在水中快樂地游來游去，一直幻想著魚兒到手後的場景，還不如回去下工夫結出一張漁網用來捕魚。

要從當下做起，讓羨慕變成行動，去追求你想得到的東西。即便沒有成功，起碼不會後悔。

圖片文字：臨淵羨魚，不如退而結網。

從當下行動，讓慾望變成行動力，去追求你想得到的理想。

始終面向太陽，陰影總在身後

從今天開始
我會變得快樂
因為我只做了一個小小的遊戲
卻體會出了一個大大的道理
把臉面向太陽
所有的陰影都會被抛棄

有上就有下
有白天就有黑夜
有陽光就有陰雨
在下的時候

我們具備了攀登的機遇
黑夜中
孕育著黎明
陰雨中
要知道烏雲上面是晴空萬里
把陽光裝在心中
面向內心
從今天開始
陽光燦爛
我會變得快樂
每一天都是陽光燦爛的日子

圖片文字：**始終面向太陽，陰影將總在身後。**

把陽光裝在我們心裡，晴天，陽光照著你，雨天，我們照著你，始終面向太陽，陰影總在我們身後。

班門弄斧，知己不足

與高手過招
方知自己短處
敢班門弄斧
才懂何處不足

出色的對手
勝過平庸的朋友
弄斧還需到班門
外行面前叫「炫耀」

拿出浩然之氣
練就一身本領
敢和高手過招
方能攀登高峰

圖片文字：**弄斧必到班門。**

與高手過招，方知自己短處。敢班門弄斧，才懂何處不足。

三日不讀書，言語無味

這是個網路時代，網路方便了人們的生活。但同時，網路也是把雙刃劍，它奪走了原本生活中的許多可貴的東西，比如時間、健康、正常的社會交往，又比如捧一本書，愜意地讀……

讀書少了，滿街上的人，說話粗的多了，有味的少了。

蘇小妹三難新郎秦觀的故事一直是個美談。當今社會，還有幾個蘇小妹呢？

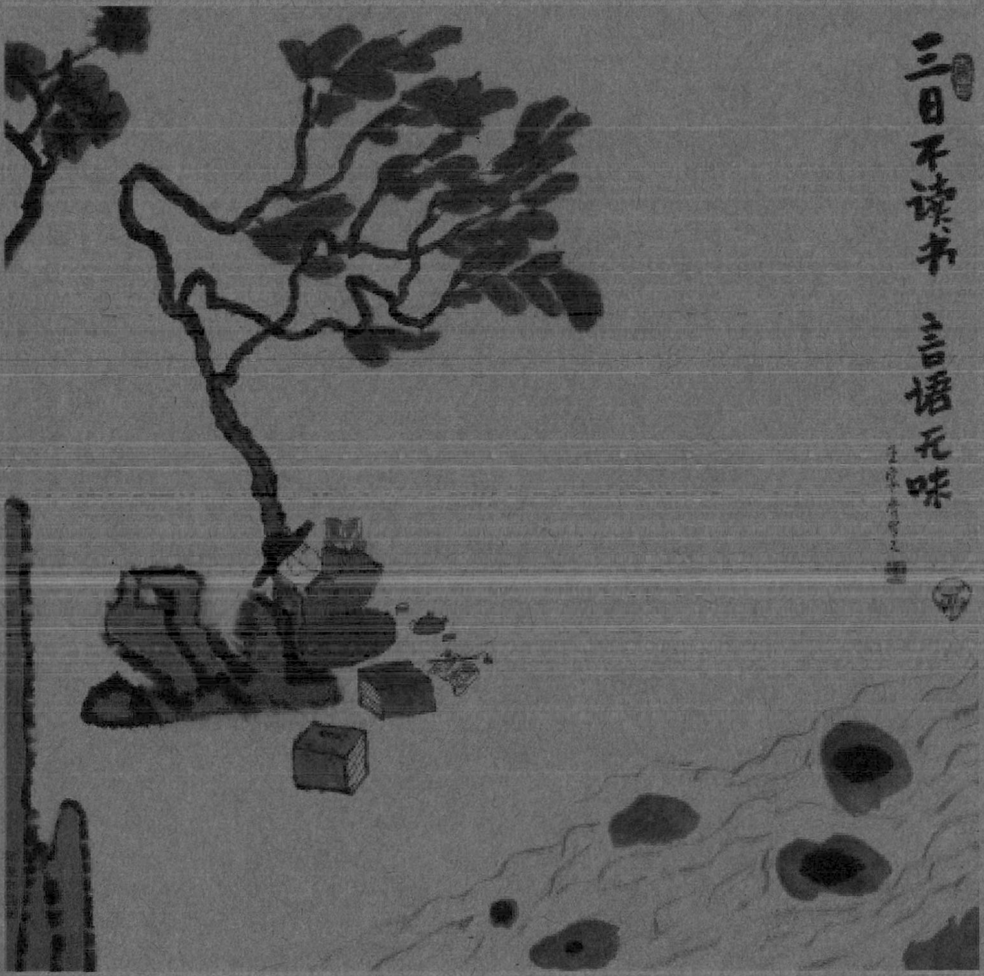

圖篇文字：三日不讀書，言語無味。

山不辭石，故能成其高

高山之所以是高山
不是山高
而是石多
無數塊石頭組成了我們景仰的偶像

不平凡之所以不平凡
不是因為不平凡而不平凡
而是由無數個平凡默默無聞的累積
在不知不覺中達到了不平凡

凡一開始就想不平凡
結果大多會很平凡
凡把每一個平凡認真地做好
結果大多卻是不平凡
再大的事業
也是由一件一件的小事組成

圖片文字：**山不辭石，故能成其高。**

咬得菜根，百事可爲

有一本書叫「菜根譚」，是一本論述修養、人生、處世、出世的語世錄集。

毛澤東讀完「菜根譚」後曾感慨說：「嚼得菜根者，百事可做」。這句話的作用不僅是它鼓勵人們要吃苦耐勞，更重要的是鼓勵人們即使條件再艱苦也要積極樂觀，開心對待每一天。

真能做到即使吃菜根，也開開心心的人確實不簡單！

周圍的人形形色色，有富可敵國的，有食不果腹的，有的有權有勢，有的身分卑微。富可敵國、有權有勢就肯定活得開心嗎？食不果腹、身分卑微就肯定不開心嗎？

當然不是！有知識、有財富並不等於有智慧。只有有智慧的人才能讓自己活得開心。

我推崇平凹先生的小說「高興」，前幾天和賈平凹先生聊天，我說：「老兄，你的「高興」其實是想表達一個人生的智慧，即「不同的人在不同的層面都有自己的幸福和煩惱，人生的幸福全在自己去感覺。」」老賈微笑。

這個人生智慧解釋了為什麼有些有錢人反而沒有窮人開心，有些成功人士反而沒有平凡人快樂。他們缺少的是傳統的人生智慧。

圖片文字：咬得菜根，百事可為。

生命在於運動

希臘的一個旅遊勝地，刻著三千年前古希臘一位大師的名言：「如果你想健康，運動吧！如果你想長壽，運動吧！如果你想聰明，運動吧！」

運動給我們的，不只這些，更多的時候，它給我們信心和幸福感。俄國詩人馬雅可夫斯基說過：「世界上沒有比結實的肌肉和新鮮的皮膚更美麗的衣裳。」

一年四季都是運動的好時節，我們走出去吧，讓自己的每個關節都活動起來，感受自身的存在，追尋內心力量的源泉！

圖片文字：**生命在於運動。**

一年四季都是運動的好時節，我們走出去吧，擁抱自然，追尋內心力量的源泉！

成功是把平凡的事做得不平凡

中國智業創始人王力的著作《生根者牛》中，其中一句話堪為經典：把平凡的事做得不平凡即為成功。是啊，人們都在追求成功，其實，成功的種子不就在自己的身邊嗎？把自己熟悉的平凡小事，做成不平凡的事業，不就是成功嗎？

想起了把鈕釦做到全世界的鈕釦大王，想起了把烤雞翅做到全世界的肯德基……。其實，重要的不是當前在做什麼，而是能不能把它做到最好。

前幾天記者採訪一位十三歲的小作家，問他為什麼這麼小就能寫出這麼大長篇的作品。小朋友回答也堪稱經典：我只是把作文寫長了呀！

這不就是對「平凡的事做好就是成功」的最好注解嗎？

圖片文字：所謂成功，就是平凡之事做成不平凡。

天上不會掉餡餅

天上不會掉下餡餅
如果有一天
你躺在地上
接到了一個天上掉下的餡餅
也許這是真的
但總有一天
你要為這個餡餅買單

人生
不管你是平民還是領袖
不管你想平凡還是偉大

不要懷疑
即使是一個微不足道的想法
你也要腳踏實地去爭取和奮鬥
天上有餡餅
如果等著掉下來
兩種結果
沒有掉下來的時候
已經被別人摘了
或者
掉下來的原來是個陷阱

圖片文字：**天上不會掉下餡餅。**

即使是一個微不足道的想法，你也要腳踏實地爭取和奮鬥。

天助發奮進取之人

身邊的朋友有許多成功人士，與他們聊天過後，我們都會有一個共同的感覺：當立志要做一番事業並且堅信一定能成功的時候，冥冥之中，好像總是有一種力量在幫忙。

這是一個秘密，那就是：意志的力量——在你的目標單純而明確的前提之下，意願必須要足夠強烈！用美國原始派畫家摩西奶奶的話說：做你喜歡做的事，上帝會高興地幫你打開成功的門，哪怕你現在已經八十歲。

圖片文字：天助發奮進取之人。

做你喜歡做的事，上帝會高興地幫你打開成功的門，哪怕你現在已經八十歲。

行動就有機會

有這麼一個笑話。

一個人向佛祖禱告：讓我中大獎吧，不靈。過了幾天，又向佛祖禱告：佛祖啊，讓我中大獎吧，又不靈。第三次向佛祖禱告：阿彌陀佛，你為什麼不讓我中大獎呢？這時佛祖顯靈了：施主啊，起碼你應該先去買一張彩票啊！

我一直都反對買彩票中大獎的賭博心理，只是想說，如果一張彩票也不去買，怎麼能中獎呢？

我們的生活中，多少人在感嘆人生懷才不遇，多少人在抱怨人生不盡如人意，又有多少人躺在舒服的床上，規劃著光明的未來。他們有一個共同點：只是感嘆、抱怨、規劃，卻不去行動！

行動，不僅讓我們有成功的機會，還可以改變人的心情！從現在開始，訂定了目標，就要馬上行動！

圖片文字：**行動，就有機會。**

行動，不僅有機會，更可以改變人的心情！從現在開始，不管什麼目標，馬上行動！

山登絕頂我爲峰

為什麼要登山
英國著名登山家馬婁里回答
因為山在那裡
多麼豪邁

每個人的一生
總是有這樣那樣
需要克服的困難
就像一座座高山、
橫亙在人生前進的道路上
是蜷縮在山底
還是勇往直前

記住
山登絕頂我為峰

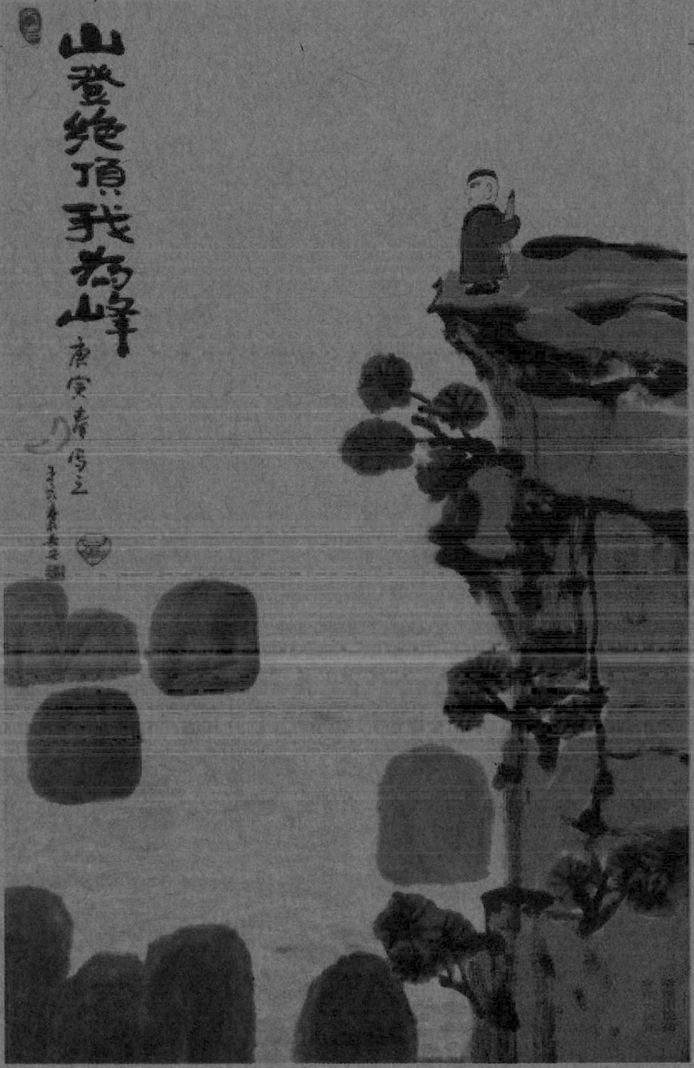

圖片文字：**山登絕頂我為峰。**

因為山在那裡，多麼豪邁！山登絕頂我為峰。

要想有所成就，必須面對孤獨

如今的世界
訊息太多
誘惑也太多
要想有所成就
必須在紛繁的世界中
擠出自己的空間
與孤獨為伍

正如西哲所說
能在孤獨中清醒和開心的人
一定是強人

如果你感到孤獨
祝賀你
好好利用它
做你想做的事情
一定會有所作為

記住
魚和熊掌
不可兼得

圖片文字：**要想有所成就，必須面對孤獨。**

能在孤獨中清醒和開心的人，一定是強人，要想有所成就，必須面對孤獨。

只要加柴，水總會開

理想
猶如盛滿涼水的壺
奮鬥
是裝有木柴的火爐

如果水壺與火爐匹配
水壺不大
火爐也不小
只要加柴
涼水總會沸騰

如此看來
理想與現實匹配時
只要努力
理想就會實現

圖片文字：**只要加柴，水總會開。**

當遠大的理想紮根於現實條件時，只要努力，理想就會實現。

志高沒難事，火大沒濕柴

我愛登山。

愛登山的朋友都知道這樣一個道理，當我們立志要攀登高峰的時候，我們就不會在乎腳下的石塊。

生活也如此，當志向遠大的時候，人生中的種種困難和煩惱，突然間會變得非常渺小。正所謂：志高沒難事，火大沒濕柴。

圖片文字：**志當存高遠。**

我們立志要攀登高峰的時候，我們就不會在乎腳下的沼澤和石塊。志高沒難事，火大沒濕柴。

自信，人生的支點

很多年在基層工作的時候，組織上為了鼓勵我們，開會時經常說：「只要精神不滑坡，辦法總比困難多。」

中國體操運動員桑蘭受傷後一直坐在輪椅上，有人問，你是怎樣熬過來的，桑蘭一臉自信的笑容，說：「因為我總是對自己說，我能做到我想做到的！」就是自信這個支點，撐起了輪椅上的生命與靈魂。

阿基米德說：給我一個支點，我可以撬起整個地球。阿基米德之所以能成為偉大的物理學家，和他的這份自信密切相關吧！

你說，自信能不為生活帶來曙光嗎？

無論生活中遇到什麼困難，甚至淪落到像乞丐一樣的生活，記住：只要相信自己可以，總有一天，你會反過來向乞丐施捨。

讓我們用自信，撐起一個美好的人生。

圖片文字：**自信，人生的支點。**

阿基米德說：給我一個支點，我可以撬起整個地球。只要相信自己能行，總有一天，會撐起一個美好的人生。

成功就是再往前走幾步

美國西部淘金熱的時候，一位牛仔也加入了淘金的隊伍。但是，命運不佳，掘進的洞口一直前行，挖出來的卻都是石頭，完全沒有金礦的蹤影。直到最後他傾其所有，能變現的東西都投入進去了，還是沒有見到黃金的影子。這個人徹底絕望了，用便宜的價錢把礦井賣掉了。而買這個礦井的工頭，帶領礦工往前只掘進了一米，奇蹟就出現了，一條金脈展現在礦工面前。

美國成功學大師卡內基在講這個故事的時候，告誡人們：最困難的時候，離成功也許只差一米。

圖片文字：最困難的時候，離成功往往只差幾步。

做人要敢大手筆

看偉人的傳記，我們總會驚嘆他們大手筆開創事業的輝煌之舉。大手筆做事，成了我們想學又學不來的榜樣，因為我們總在遺憾自己沒有大手筆的資本。

其實，大手筆的資本根本不是成功者的秘密。他們跟我們一樣，剛開始是普通老百姓，並不是大手筆行事的。唯一不同的是，他們從開始就敢於大手筆做人。這才是天大的秘密！

把成就自己當成是一種事業，逐漸走出小我的天地。雖然我們每個人只是一個不起眼的個體，但把對人大氣磅礴、為人氣度非凡，自信、執著、勇氣做為一種個人風格，敢想大事、敢做大事，從不因人生前進道路上的碰撞，影響既定的行程。「大手筆」做人，才是這些成功人士後來能「大手筆」做事的源頭。

試想，一個斤斤計較、小裡小氣、邋裡邋遢的人，縱使給他黃金萬兩，又能做成什麼事呢？

圖片文字：做人要敢大手筆。

每一個成功者並不是一開始就是大手筆行事，他們和我們一樣，一開始也沒有大手筆的「資本」。

輯三

智慧

吃得好了，
健康卻少了；
認識的人多了，
朋友卻少了；
名片一大堆，
說心裡話的人卻少了。
當今社會，
何也？

能收能放，扶搖直上

中國有句古語，叫「大丈夫能伸能屈」；有個故事，叫「胯下之辱」；有個成語，叫「勞逸結合」；有個軍事計謀，叫「三十六計，走為上策」。設想一下，如果人在屋簷下就是不低頭會怎麼樣，只能碰個頭破而已；如果寧可犧牲也不受胯下之辱，恐怕歷史上會少了一員名將；如果不計性命地負隅頑抗，結果只會全軍覆沒，一敗塗地；如果只勞不逸，那可能不但沒達到人生目標，反而會英年早逝。

兒時喜歡放風箏，放得熟練了得出一個道理：想要讓風箏飛得高，必須鬆緊有度，有收有放。這個道理能用到人生的各個層面。人，能大能小，還有什麼過不去的坎坷；人，會收會放，還有什麼達不成的理想。受一點委屈便嗷嗷大叫，經一點羞辱便惱羞成怒，甚至大動干戈。不懂得辯證地看待人生，不僅會毀了事業，毀了前程，甚至會毀了家庭，毀了自己的一生。

圖片文字：**能大能小萬事了了，能收能放扶搖直上。**

不懂人生辯證法，不僅毀了事業，毀了前程，甚至會毀了家庭，毀了自己的一生。

過得去是門，過不去是坎

門檻門檻
過得去是門
過不去是坎

生命的歷程
總是有很多門檻
門檻太高
怎麼辦
三個辦法

一是找個凳子
二是繞個彎子
三是掉頭
換個低的

最簡單的
也是最智慧的

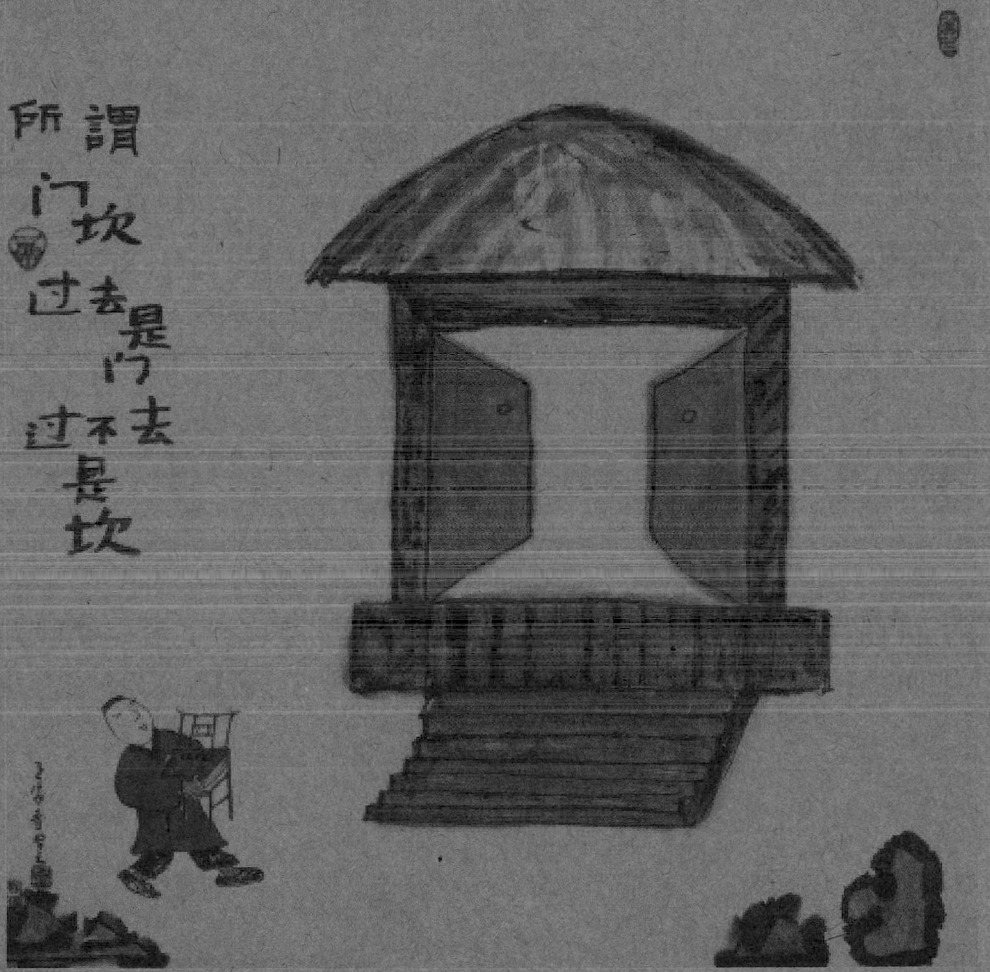

圖片文字：所謂門檻，過去是門，過不去就是坎。

善於借力，纖手千鈞

一個籬笆三個樁，一個好漢三個幫。如果沒有他人相助，縱有天大本事，也將一事無成。所以，凡成功之人，不可否認，都在「借力」。而要善於借力，首要任務，是好好修練自己，達到別人願意「被借力」的境界。

圖片文字：**善於借力，則纖手千鈞。**

一個籬笆三個樁，一個好漢三人幫。

看似愚人，實有我師

一家很有名的企業招聘人才，人們都躍躍欲試。經過第一輪篩選後，老闆讓這些人到全國各地的同類企業自主考察。有一位長相不起眼、學歷也不高的小男生在最短的時間內回來了，他把其他企業優秀的理念和方法統一列表，進行了詳細的彙報。老闆看了很賞識，誇獎道：一個總是能發現別人優點的人，才能不斷進步，讓自己進步，給企業帶來效益。於是，他第一個被錄用了。

人不可貌相，海水不可斗量，看似愚笨之人，其中藏著高深的智慧。一個善於向不同的人學習的人，總有一天，會出類拔萃！

圖片文字：看似愚閑，實有我師。

人不可貌相，海水不可斗量，看似愚笨之人，其中藏著高手。

吃得好了，健康卻少了

仿豐子愷先生的筆意畫了一幅畫，當然，只是仿而已，豐子愷先生當是大家，我生再加努力，也恐難望其項背。只是感覺這幅有趣，所以仿著玩玩。只是仿了，題款卻難了，知道豐先生向來護生，盤中有蟹，不是有殺生之嫌嗎？

靈機一動，題曰：吃得好了，健康卻少了。

是啊，過去是肚子不飽，健壯難找，現在有吃有喝了，身體也沒有健壯起來。就像認識的人越來越多了，朋友卻越來越少了；名片一大堆，卻找不出來一個人說心裡話。

這是不是悖論呢？

圖片文字：吃得好了，健康卻少了，多多反思之。

吃得好了，健康卻少了，認識的人多了，朋友卻少了，名片一大堆，說心裡話的人卻少了。當今社會，何也？

吃酒要有度，品茶須豪情

酒能壯膽，你看史書上多少英雄豪傑，舉大義做大事之前，都要以酒壯行或以酒結義。正因為酒能壯膽，所以要有度，不然非落個膽大妄為不可。

茶能長智，人生味道盡可從茶中細品，你看多少聖人賢士，總是與茶數不盡的故事。只是茶沒激情，如果一味細細而品，理性東西太多，人生也就太平淡了。

圖片文字：**吃酒要有度，品茶須豪情。**

酒能壯膽，茶能長智，吃酒要有度，品茶須豪情。

等待和忍耐是一種智慧

我們所受的教育，似乎更多的是機不可失，時不再來。我們敬佩那些勇往直前的勇士，我們羨慕那些捷足先登的好漢。其實，我們的生活並不是如此一成不變，在很多時候，等待和忍耐，也是智慧的表現。

向前，是人人都會用的人生利器。然而，它也是一把雙刃劍，時機不成熟時，低著頭，閉著眼向前衝，不僅會讓你耗費體力，還可能浪費大好時機。

人在江湖，如果能掌握動靜之理，等待和忍耐會成為你的獨門暗器。

圖片文字：有時候，等待和忍耐是一種智慧。

不要總是羨慕捷足先登，只要踏踏實實照樣後來居上。

有時候時機不成熟，會是一把雙刃劍。而等待和忍耐，是一種智慧的表現。

做人不要太把自己當回事

水中一枚變幻的影月，引多少騷客舞文弄墨。騷客已不在，影月卻無變。無論怎麼把自己當回事的人，總歸會成為「古人」。

古人被月逗著玩，我們何嘗不是。從這個意義上，其實我們沒有多麼偉大。所以我想，做事的時候，把自己當回事，做人的時候，別太把自己當回事。這樣，朋友會多些，幸福的感覺也會多一些。

圖片文字：**古人曾被此月逗。**

做事的時候，把自己當回事，做人的時候，別太把自己當回事。

好心未必有好結果

這是我小時候聽長輩講的一個故事：有一個人，騎著一頭毛驢，毛驢的身上還馱著一袋糧食。行人看見了說，你這個人太不心疼毛驢了，怎麼自己騎著牠，還讓牠馱那麼一大袋糧食。這個人一聽，覺得有道理，於是把糧食馱到了自己的肩上。

現實生活中，我知道不會有人這麼去做，但是類似的好心辦傻事，我們有誰沒做過呢？

只舉一個例子，在養兒育女上，應該讓兒女做的事情，家長總想件件包辦。其實，在將來的一天，我們所包辦的這些事情，像騎毛驢的人背的米一樣，最後還是會轉嫁到兒女身上。

圖片文字：好心未有好結果。

應該兒女做的事情，大人總想件件包辦，在將來的一天，壓力最後還會轉嫁到兒女身上，好心未必有好結果。

機會總是留給有準備的人

傑克年輕的時候，做了一個奇怪的夢，夢見上帝在和他說話：孩子，你和所有成功的人一樣幸運，在你的人生中，將有很多的機會，使你擁有智慧、榮譽、財富和愛情。傑克等啊等，直到人生結束，也沒有等到上帝所說的一切。

到了天堂，傑克去質問上帝為什麼騙他。上帝說，沒有啊，孩子，機會給你了，只是你沒有接住而已。你想一想：你年輕的時候，是否曾經遇到一個少女不慎落水，當時你想下水去救，但因為不會游泳，正在你猶豫的時候，另外一個人撲通一下跳到了水裡，把那個女孩子救了下來。

傑克說，是啊，當時我還懊悔，上體育課的時候應該認真學游泳。

上帝說，這個如花似玉的女子本來是你的愛情歸宿，可惜被他人「救跑」了。你還記得嗎，你在的公司和法國一家著名的國際大公司合併，合併一年後，要從本公司招幾名有點法語基礎的年輕人到總公司進修。每個人都認為做好自己的本職工作就行了，只有少數幾個人認為，和法國的公司合併了，一定要學點法文，你也學了一些法文，只是沒有堅持。在初選的時候，你被推薦上去了，但是因為法文基礎太差，又被淘汰了。

傑克急忙點頭，有啊有啊。

上帝說，那些人回來後都成為了公司的能將，再後來又都成了分公司的主管。還

圖片文字：機會總是給那些有準備的人。

藝多不壓身，趁我們年輕的時候，多學點東西，總有一天，會派上用場。機會總會拜訪有準備的人。

記得嗎……

上帝剛要接著說時，傑克急忙攔住，上帝啊，你不要說了，我知道了：機會，總是給那些有準備的人啊！

關於蘋果公司總裁賈伯斯，有一個著名的故事。在他年輕的時候，曾參加一個美術字培訓班。當時他只是感覺學著好玩而已，用賈伯斯自己的話說：學一點東西總是比浪費時間好。但是，十年以後，連他自己都沒有想到，他不經意間學的東西，在設計第一款Macintosh電腦的時候，派上了大用場，他憑藉自己特有的技能邁出了成功的第一步。

俗語有云：藝多不壓身。趁我們年輕的時候，多提高自己，把無聊、空虛的時間，用來學點好玩的東西，總有一天，會派上用場。

酒逢知己也要量力而行

酒文化在中國不可小看，從生意場到官場，從工作圈到生活圈，這種文化好像一隻無形的手，左右著很多事情。本人從來不反對喝酒，只是聽到寧傷身體、不傷感情的豪言壯語時，不由自主地會想到一個問題：身體沒了，感情何以依附？所以我想，既要吼出酒逢知己千杯少的豪言，也要有量力而行的智慧，因為身體健康才是第一位的！

圖片文字：酒逢知己千杯少，能喝多少是多少。

酒香不怕巷子深

在包裝和推銷文化盛行的今天，我想說，真正的金子，總有一天會發出耀眼的光芒。沒有紮實的根基，靠包裝推銷，即使成功，也只是暫時的過程，如曇花般一現。

人，還是要苦練本領，增長才能，當把自己的人生釀成甘醇的美酒時，就會體會到我們祖先的智慧，真的是：酒香不怕巷子深。

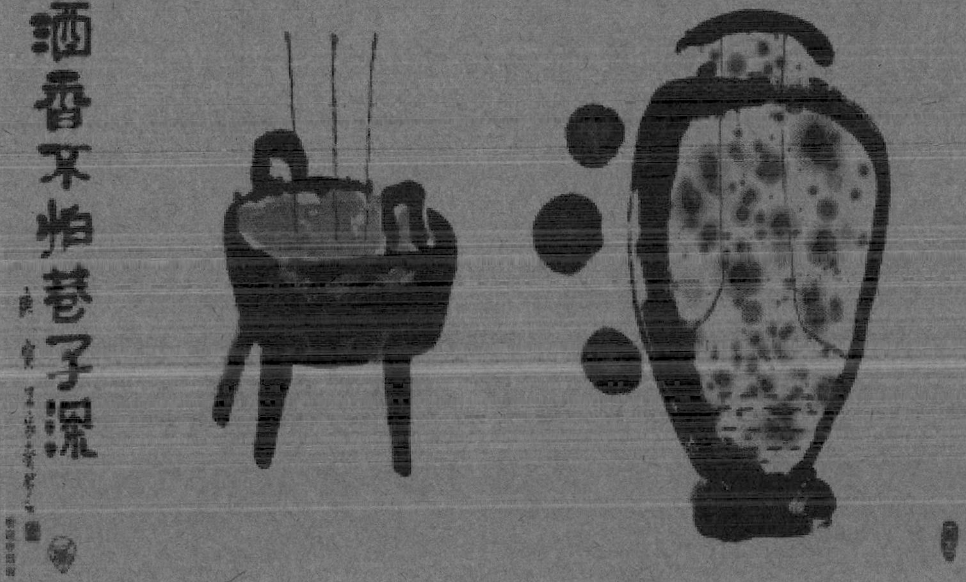

圖片文字：酒香不怕巷子深。

人要苦練本領，增長才能，把自己的人生釀成甘醇的美酒，即使巷子很深，香味仍會飄散千里。

君子不立於危牆之下

中國歷史上出了很多的「子」們，有老子、莊子、孔子、孟子等等。他們的語錄，一直被我們當成聖典來讀。我最喜歡孔子的一句話：「君子不立於危牆之下」，並根據這句話創作一幅作品，一拿出來，觀者齊呼，哇！紅杏出牆不可惹也。我笑說，不會只是這個意思吧！那麼，先人為什麼講出這樣的話呢？

原話應當出自「孟子．盡心上」：「知命者不立乎岩牆之下。」還有一句話叫「君子知天命，岩牆為危牆」，連起來，就是「君子不立於危牆之下」了！為什麼先哲不讓君子立於危牆之下，難道小人可立嗎？

這句話流傳了兩千多年，一定有它的道理。結合當今社會，我對它理解如下。

一是立於危牆之下，對君子名聲不好。明知山有虎偏向虎山行的人，是要虎口奪食，一旦奪過來就是英雄。而站在危牆下非但不能做出驚天動地的大事，還有損名聲。

二是對君子有危險。如果冒著危險做事，犧牲了一個我，幸福了一大群，也可展現君子的風度，只是在危牆下面被砸，不僅不會幸福他人，也許危牆的主人還會因此吃上官司，這樣無利與任何人的事君子自然不能做。

三是不利於社會和諧。你想，堂堂君子都被危牆所砸，誰還能不被砸？有了這樣的負面輿論，社會終將不和諧，結果就是好人悲小人喜。但小人就不一樣了，他們本來就不注重名聲，所以也就無所謂。

在現實生活中，有多少人喜歡游走於危牆之下：明知吸菸有害健康卻整日吞雲吐霧；明知酒後駕車危險卻偏要逞能顯擺；明知自己不是柳下惠卻偏要到風月場所……

有首歌曲「頭上的包」中唱到：頭上的包，有大也有小，有的是人敲，有的是自找……站在危牆之下被砸個包，純粹是自找的。

圖片文字：君子不立於危牆之下。

有首歌唱到：頭上的包，有大也有小，有的是人敲，有的是自找。站在危牆之下被砸個包，純粹是自找，君子也，則不立於危牆之下。

盡孝的機會錯過永不再來

前一段時間，看香港一個朋友的自傳，在裡面他講到：事業成功後，想盡孝道時，老人已離他而去，每每想起，它總是悔意不斷。

是啊，人的一生，事業上，機會可以失去，因為還有機會。而在盡孝道上，機會失去，則永遠不會再來！「子欲養而親不在」難道不是人生一大悲劇嗎？盡孝的機會錯過永不再來。

圖片文字：事業上的機會錯過還有機會，敬老盡孝機會錯過卻永不再來。

學會停下來看風景

有這樣一個故事：上帝給我一個任務，叫我牽一隻蝸牛去散步。蝸牛走得太慢了，我催牠、吼牠、責備牠，蝸牛用抱歉的眼光看著我；我拉牠，扯牠，甚至踢牠，蝸牛受了傷，流著汗，喘著氣往前爬，但牠還是太慢了。我苦惱著，任蝸牛往前爬，自己坐在後面生悶氣。咦？我聞到了花香，原來這邊有個花園。我感到了微風吹來，原來夜裡的風這麼溫柔。慢著！我聽到了鳥聲和蟲鳴，我看到了滿天的星斗多亮麗。咦？以前怎麼沒有這些體會？我突然想起來，莫非是我弄錯了？原來上帝是叫蝸牛牽著我去散步！

各位成功人士和正在奮鬥的朋友，人生如旅行，有的人總是急著前行，雖然走的路長，可是並沒有看到多少美麗的風景。不要總是跋涉，停下來看看風景吧，也許去過的地方不是太多，但你欣賞到的人生風景，卻是最多！

圖片文字：**人生如旅，要學會停下來看看風景。**

人生如旅行，不要總是跋涉，停下來歇歇，看看沿途的風景，也很美麗。

人外有人，山外有山

如果僅僅把「人外有人，山外有山」這句格言理解成人要謙虛，恐怕是小瞧了老祖宗的智慧。

人外有人，肯定了我們做為人存在；山外有山，展現了我們每個人可以像座大山一樣挺拔、雄偉。有了大山的自信，才能成就一番事業。在有所成就後，要銘記強中自有強中手，一要小心，不要滿招損；二要上進，不要忘記謙受益。

也許，我們需要用一輩子去體悟這其中的道理。

圖片文字：**人外有人，山外有山。**

滿招損，謙受益，山外有山，人外有人。

不可缺少發現美的眼睛

給你三十秒的時間，你能發現這幅畫有什麼奇妙之處嗎？

每日的匆匆忙忙，生計的重重壓力，往往人焦躁不安。生活中稍有不順，我們就會感嘆生活是如此無聊。其實，生活中時時刻刻都有美存在：白天有陽光，夜晚有星星，晴天有白雲，雨天有風聲。有道是：春有百花秋有月，夏有涼風冬有雪，若無閒事掛心頭，一年四季好時節。

三十秒到了，發現什麼了嗎？如果你的心是靜的，就會發現，畫中竟有兩位美女。

圖片文字：**生活中並不缺少美，缺少的是發現美的眼睛。**

春有百花秋有月，夏有涼風冬有雪，若無閒事掛心頭，一年四季好時節。有顆安靜的心，就不難發現生活中處處有美好。

束縛，有時是一種愛

辦公室的大樓下栽種了不少樹，入冬了，工人師傅們用繩子把樹從上到下包得嚴嚴實實。當然，沒有這些繩子的束縛，就沒有第二年的生命復甦呢。像繩子和樹的這種關係生活中處處可見：家長和孩子、老婆和老公、上司和部下、紀律和自由，甚至安全帶、風箏……人們在抱怨這種種的束縛時，換個角度想一想，這又何嘗不是一種深深的愛呢？

美國詩人金斯伯格說過：自由只存在於束縛之中，沒有堤岸，哪來江河？是啊，沒有堤岸愛的束縛，哪來奔騰不息的江河！

圖片文字：束縛，有時是一種愛。

抬頭見喜，一切會更美好

小時候過年，總是在大門頂上，寫上一條大大的「抬頭見喜」的橫幅。幾千年來，我們的祖祖輩輩，總是在用這樣的吉祥之語，開始著一個又一個新年。

「抬頭見喜」，真的僅僅是一句吉祥的祝福之語嗎？

經過了幾十年的風雨人生，才慢慢地體會到，我們的先人是那樣的有智慧，「抬頭見喜」不僅僅是一句吉祥的祝福，更包含了深刻的人生道理：人生，無論遇到什麼困難和挫折，不要總是低頭哭泣，抬起你堅強的頭顱，向更遠處望去，喜事就在前方！

不管遇到什麼困難，昂首闊步向前走的人，一切都會變得美好！朋友們，抬頭見喜！

圖片文字：**抬頭見喜。**

不管遇到什麼困難，昂首闊步向前走的人，一切都會變得美好！

退一步，另有蹊徑

人們常說，忍一時風平浪靜，退一步海闊天空。的確，在因為一些小事與別人發生口角時，這個幾千年傳承下來的智慧確實有其特別的意義，它能讓矛盾迅速化解，進而促進家庭和諧、人生和諧、社會和諧。

然而生活中的許多事情，不是退一步海闊天空，而是退一步另有蹊徑。在人生道路上，我們往往容易只看到眼前的一點，並且認準這點後一意前行。其實，在大家都看到這點的時候，你可以放慢腳步，不走這個擁擠不堪的道路。退後一步，置身局外，靜靜思考，向左右看看，說不定會發現另有蹊徑呢，正所謂：當局者迷，旁觀者清。

你還在為一些事情鑽牛角尖嗎？也許，退一步，另有蹊徑！

圖片文字：**退一步，另有蹊徑。**

退一步，人生不僅海闊天空，還可能另有蹊徑。

無人欣賞，無所謂美

無人欣賞，無所謂美；無處施展，無所謂才。

美是加入了人的感性認識的產物，是社會活動中人們形成的一種社會認知。

再美的花朵，開在深山老林，從來沒有人看到過，美又如何，不美又如何？再是諸葛，任你三顧四顧甚至千顧茅廬也不出，有才如何，無才又如何？

我想告訴我的朋友們，這不是自我欣賞、自我陶醉的時代，大膽地展示，勇敢地前行，尋找自己的人生舞臺。行動成就夢想！

圖片文字：無人欣賞，無所謂美。

無人欣賞，無所謂美；無處施展，無所謂才，大膽地展示，勇敢地前行，行動成就夢想！

學會欣賞比佔有更幸福

世界太大
美好的事情太多
如果總想著佔有
不是能力不夠
就是容量不大

聖嚴法師說
人啊
需要的少
想要的卻太多
人生的苦
就是混淆了「需要」和「想要」

如果能做到
需要的去爭取得到
想要的去靜靜地欣賞
人生是不是會多出許多幸福
無論財富
還是名譽
甚或情感

圖片文字：學會欣賞，比佔有更幸福。

需要的去爭取得到，想要的去靜靜地欣賞，學會欣賞比佔有更幸福。

一笑而過，雨過天晴

樹林大了
什麼鳥都有

生活就是如此
正在走著
突然迎面站個
小人
正在開心
突然旁邊立個
小鬼

只要沒有大礙
最好的辦法
是一笑而過

快樂的鑰匙
一定拿在我們自己的手裡

圖片文字：一笑而已。

生活中常遇到「小人」，只要沒有大礙，最好的辦法，一笑而已，快樂的鑰匙，一定拿在我們自己的手裡。

用其所長，天下皆可用之才

唐太宗李世民的用人之道在中國帝王中是很突出的。關於用人，他有這樣一個理論：「明之任人，如巧匠之製木。直者以為轅，曲者以為輪，長者以為棟樑，短者以為拱角，無曲直長短，各種所施。明主之任人也由是也。智者取其謀，愚者取其力，勇者取其威，怯者取其慎，無智愚勇怯兼而用之，故良將無棄才，明主無棄士。」

在這方面，清代名將楊時齋將軍，可以說發揮到了極致。他把聾子安排當侍從，可以避免洩露軍事機密；用啞巴傳遞密信，萬一被抓住也守口如瓶；安排瘸子去守炮臺，他們必能死守陣地。楊將軍確實做到了無棄才、無棄士。用其所長，天下皆有用之才。

這個道理在社會生活中也適用。做管理、教育，都要發揮人之所長，方能真做到人盡其才，也才能少走彎路。

教育下一代也是一樣，不少家長看著別人家的孩子進入名校學習，就埋怨孩子不爭氣、沒能力。其實，我們翻看一下歷史，那些做出成績的名人，並不全是「名校」畢業。自己的孩子一時考得不好，並不代表他「無才」，只有所長，寸有所短。要相信，三十六行，行行出狀元，只要你善於發現和挖掘，你的孩子一定會是顆璀璨的明星。

這個道理用在個人身上，就是能用己之長。很多的人，不分析自己的特點，一味地往一個獨木橋上擠，最後少不了多走好多的彎路。人生成功的訣竅有時也很簡單，就是發現自己的優勢，經營自己的長處。正如佛蘭克林所說：「寶貝放錯了地方便是廢物」。

圖片文字：用其所長，天下皆有用之才；用己所長，人生則少走彎路。

贈人玫瑰，手有餘香

有這樣一個故事：一天深夜，一對年老的夫妻走進一家旅館，他們想要一個房間。櫃檯服務員回答說：「對不起，我們旅館已經客滿了，一間空房也沒有剩下。」看著這對老人疲憊的神情和無助的樣子，服務員又說：「讓我來想想辦法……」好心的服務員將這對老人引領到一個房間，說：「也許您可能不滿意，但現在我只能做到這樣了。」

老人見眼前是一間整潔又乾淨的屋子，就愉快地住了下來。第二天，當他們來到櫃檯結帳時，服務員卻對他們說：「不用了，因為我只不過是把自己的屋子借給你們住了一晚——祝你們旅途愉快！」

原來如此，服務員自己一晚沒睡，他在櫃檯值了一個通宵的夜班。兩位老人十分感動。老頭兒說：「孩子，你是我見到過的最好的旅店經營人。你會得到報答的。」服務員笑了笑，說這是應該的。他送老人出了門，轉身接著忙自己的事，把這件事情忘了個一乾二淨。

幾年過後，有一天，服務員接到了一封信函，打開一看，裡面有一張去紐約的單程機票並有簡短附言，聘請他去做另一份工作。他乘飛機來到紐約，按信中所標明的路線來到一個地方，抬眼一看，一座金碧輝煌的大酒店聳立在他的眼前。原來，幾年前的那個深夜，他接待的是一個有著億萬資產的富翁和他的妻子。富翁為這個服務員買下了一座大酒店，並深信他會經營管理好這個大酒店。於是這個年輕人成了全球赫赫有名的華爾道夫飯店（Waldorf-Astoria Hotel）的首任經理，他就是傳奇人物——喬治．波特。

佛家有語：「功不唐捐」。樂於助人的人，必有人助。給人玫瑰的人，香氣繞身。只要我們種下助人的種子，在我們不知道的時間和地點，它一定會慢慢地發芽、開花、結果。

圖片文字：給人玫瑰，手留餘香。

佛家有語，「功不唐捐」，樂於助人的人，必有人助。給人玫瑰的人，香氣繞身。

自己尋開心，快樂每一天

有個詞語叫「自尋煩惱」。有科學家做過統計，人的煩惱40％來自對未來事情的不確定，30％來自對過去事情的懊悔，22％來自身邊微不足道的小事，4％來之改變不了的事情，另外4％來之正在進行中的事情。如此看來，煩惱幾乎都是自尋而來的。

未來還未來到，一切都在改變，是好是壞並不知曉，何必為未來煩惱。

過去已經過去，一切都成事實，需要的是總結經驗以利再戰，煩惱能有何用。

身邊的小事可有可無，多一個不多，少一個不少，讓可多可少的小事影響自己的心情，是否得不償失。

有些事情，註定要經歷，雖然不公，但我們卻無能為力，最好的辦法，權當是一場風雨，過了之後就會有彩虹。

而正在進行的事情，也許不盡如人意，但與其煩惱，何不將煩惱的時間，用於思考解決的辦法，或去尋找能幫你的人。

不要自尋煩惱了，回想一下，自己是不是也在為無須煩惱的事情煩惱。從現在開始，在你的生活中尋找快樂，只要用心，生活中到處充滿著快樂。

不管怎樣，每一天的逝去都是對我們生命的支出，不會再來。即使風雨連連，也讓我們把每一天都打發得開心快樂吧。

圖片文字：自己尋開心。

每一天的過去，都是對我們生命的支出，不會再來。自己尋開心，快樂每一天。

不爭是一種大智慧

人曰：旁觀者清。

當世人皆為一些蠅頭小利爭得不亦樂乎的時候，如果能置身其外，冷靜、科學地規劃人生並付諸實施，雖一時一地可能有所損失，長遠去看，必定會大有作為。

爭是技，不爭是藝。所謂不爭，是善於吃小虧也。工作如此，生活如此，於家庭，也如此。

圖片文字：坐山觀之。

爭者是技，不爭者是藝。工作如此，生活如此，家庭亦如此。

網友評語

您的哲理中國畫，給我們的心靈打開了智慧的天窗！

——雨裡高山

有思想、有深度、有高度、有風格、有人氣！祝朋友畫出更多啟迪人的哲理中國畫來……

——吉金樂石

暢銷全球的「讀者文摘」的創始人華萊士曾說過：「只有人性的東西才能征服人心，即使在一個物慾橫流的社會裡，人們還是會敬畏些什麼，那就是看似簡單樸素的真善美，是真善美在拯救和平衡人的內心。」王老師正是用簡單樸素的真善美，做著拯救和平衡人心的事業！

——玄義玫瑰

是的，有時一句話就能改變人的一生，一幅畫對人生的啟示也非同小可！

——如夢

非常喜歡您的哲理畫！要是能得到真跡掛於房中就更好了！

看畫後，我離機思忖，人的苦惱與無奈大多就是不能俯瞰、旁觀當時的「觀點」，總在與當時觀點較量使勁，過後方知，這些都會成為過去。活在當下，是要有智慧的，這種智慧也許就在無數次的無奈之後提煉而來。家春老師的畫便為大家引向智慧的大門。

——太陽雨

過去是門，過不去是坎——王老師總是能在平常的生活中洞見細微的哲理，真的好喜歡您的畫，願看到更多的哲理畫。新的一年心想事成，心寬如海哦！

——大漠風歌

我相信人與人之間存在精神上的血緣關係，就如同我們欣賞先生的哲理畫，感覺神交已久。謝謝王老師帶給我們的精神大餐。

——蘭心

畫面構圖很獨特，人物造型有意趣！讓人不僅看畫而且領著大家看世界！品味生活哲理！

——靜觀境美

讀書直接影響著人的精神成長、拓展著人生寬度，涵養著人的精神氣質，有時候，一本好

——黃海燕書畫

書可以改變人的一生，期待此書早日出版。

——大蝦

不僅哲理是妙丹，畫面更奪目。畫意高超，畫技大增，墨、色用筆都很好！學習，學習，認真學習了！

——長劍高歌水晶心

這幅畫的線條構思很精緻！從小人的衣服及衣服線條我們能感到他的心態……

——乙慧書畫藝術評論

哲理中國畫進入了欣賞者的內心，開始發揮了滋養的作用，或靜心、或勵志、或悅己、或撫慰。

——xianjie

繁忙的都市，有的時候竟然已經記不起來我是誰；如何重新去尋找生活中的那份精緻、悠閒與恬靜；如何守住內心的淨土；或許每個人在哲理中國畫中都能找到自己的答案。

——阿黎

後記

這本書的出版，純屬偶然。

前幾年，就有出版公司一直在聯繫，要把哲理中國畫彙集在一起，出一本心靈雞湯的中國畫版本。說實話，對於出書，早沒有了二十年前的衝動和激動，現在的書太多了，可是真正值得讀者去看的書，實在不多。我做為一個行政幹部，平常忙於事務，理論和學術水準有一定侷限，如果出一本不值得讀者看的書，實在沒有什麼意思，只是在浪費國家的森林資源而已。基於這樣的想法，所以出書的事就一擱再擱。

但是，偶然發生的一些事，打消了我對出書的消極想法。

其一：

突然有一天，接到一個陌生的電話，原來是一個哲理中國畫的忠實讀者，她說在她人生最無助的時候，每天都上網看我的書，甚至列印下來放在自己的住處，每天早上，想到太陽每天都是新的，都會感覺有一種力量，支撐著她從零開始，又拓展出屬於自己的一片天空……

其二：

也是突然有一天，接到上海的一家證券公司和石家莊的一家雜誌社的朋友打來的電話，告訴我哲理中國畫表達的中華傳統智慧，成為了他們辦公室年輕人的座右銘，每當工作中遇到一些困難的時候，都會從中去尋找精神的力量……

其三：

哲理中國畫問世以來，總是有人商求發表、轉載或使用，我沒有時間去討論這些事情，所以在部落格上公佈，只要不是以營利為目的的使用，只管大膽用吧，我免費授予版權。使用者可告知，也可不告知。據說印成桌曆後，好多年輕人特別喜歡，把桌曆送給了自己的父母，讓父母也從中國傳統智慧中得到心靈的滋養……

更多的朋友，是在部落格中給我留言，講到了哲理中國畫對自己的影響。其中還有一個八歲的小朋友，幾年來一直在看哲理中國畫，對其學業和如何當好班幹部都發揮了積極的影響。一位退休的資深編輯，在看到「心中的天氣是晴是雨後」當場落淚，原來自己過去好多的不開心，是自己給自己的，不是別人給的，感悟過後心情豁然開朗。

一位成功的人士，看到「胸懷是委屈撐大的」這幅畫，面對電腦流下了熱淚，看來過去受的委屈太多了，落淚過後一身輕鬆，知道不受委屈，是做不成大事的，受點委屈，也沒有什麼大不了的。一位年輕的朋友，當看到「事業上的機會錯過還可再來，敬老盡孝的機會錯過永不再來」時，當時就在部落格上留言，說明天第一件事就是安排回老家看望父母……

就在這樣的一個時刻，一位哲理中國畫的粉絲，給我發了大段的留言，希望我能把哲理中國畫彙編成一本方便攜帶的書，並熱情地在我不知情的情況下，聯繫了一家出版社……

這個時候，擺在我面前的，其實只有一個答案：如果讀到這本書的人，一百個中有一個受到啟發，出這樣一本書，也是值得！所以說，這本書的出版，是偶然，是各種機緣的巧合。

在本書即將付梓之時，我還有一個小小的心願：我衷心地祈福和祝願讀者：當你不開心時讀此書，它會給你寬心；當你開心時讀此書，它會給你力量；當你有力量時讀此書，它會給你智慧。

我只是一個普通的學者，並非大德大慧，但我走了一條捷徑，把老祖宗的智慧，用中國畫的形式，送給了大家。

相信每一位讀者，都會或多或少、從中汲取到心靈的力量，此時，要感謝的應是我們偉大的祖先。

對了，您讀過了，不要束之高閣，送給您的家人或者朋友，權當在幫助、傳播我們偉大的中國傳統文化，讓更多的有緣人得到激勵，就如在做一件善事，有無量功德。

國家圖書館出版品預行編目（CIP）資料

打開心窗 / 王家春著. -- 第一版. -- 臺北市 : 樂果文化出版 : 紅螞蟻圖書發行, 2013.08
面 ; 公分. -- (樂生活 ; 15)
ISBN 978-986-5983-42-0(平裝)

1. 人生哲學

191.9 102008180

樂生活 15
打開心窗

作者 ／ 王家春
總編輯 ／ 何南輝
責任編輯 ／ 王烈
行銷企劃 ／ 張雅婷
封面設計 ／ 鄭年亨
內頁設計 ／ Christ's Office

出版 ／ 樂果文化事業有限公司
讀者服務專線 ／ （02）2795-3656
劃撥帳號 ／ 50118837 號　樂果文化事業有限公司
印刷廠 ／ 卡樂彩色製版印刷有限公司
總經銷 ／ 紅螞蟻圖書有限公司
地址 ／ 台北市內湖區舊宗路二段 121 巷 19 號（紅螞蟻資訊大樓）
電話：（02）2795-3656
傳真：（02）2795-4100

2013 年 8 月第一版　定價／ 250 元　ISBN 978-986-5983-42-0